Nicolas Tricot

IHM adaptative suivant le niveau du chauffeur et le risque d'accident

Omar Doukari
Nicolas Tricot

IHM adaptative suivant le niveau du chauffeur et le risque d'accident

Interface Homme-Machine automatiquement reconfigurable : la machine G7 de Grégoire

Presses Académiques Francophones

Impressum / Mentions légales
Bibliografische Information der Deutschen Nationalbibliothek: Die Deutsche Nationalbibliothek verzeichnet diese Publikation in der Deutschen Nationalbibliografie; detaillierte bibliografische Daten sind im Internet über http://dnb.d-nb.de abrufbar.
Alle in diesem Buch genannten Marken und Produktnamen unterliegen warenzeichen-, marken- oder patentrechtlichem Schutz bzw. sind Warenzeichen oder eingetragene Warenzeichen der jeweiligen Inhaber. Die Wiedergabe von Marken, Produktnamen, Gebrauchsnamen, Handelsnamen, Warenbezeichnungen u.s.w. in diesem Werk berechtigt auch ohne besondere Kennzeichnung nicht zu der Annahme, dass solche Namen im Sinne der Warenzeichen- und Markenschutzgesetzgebung als frei zu betrachten wären und daher von jedermann benutzt werden dürften.

Information bibliographique publiée par la Deutsche Nationalbibliothek: La Deutsche Nationalbibliothek inscrit cette publication à la Deutsche Nationalbibliografie; des données bibliographiques détaillées sont disponibles sur internet à l'adresse http://dnb.d-nb.de.
Toutes marques et noms de produits mentionnés dans ce livre demeurent sous la protection des marques, des marques déposées et des brevets, et sont des marques ou des marques déposées de leurs détenteurs respectifs. L'utilisation des marques, noms de produits, noms communs, noms commerciaux, descriptions de produits, etc, même sans qu'ils soient mentionnés de façon particulière dans ce livre ne signifie en aucune façon que ces noms peuvent être utilisés sans restriction à l'égard de la législation pour la protection des marques et des marques déposées et pourraient donc être utilisés par quiconque.

Coverbild / Photo de couverture: www.ingimage.com

Verlag / Editeur:
Presses Académiques Francophones
ist ein Imprint der / est une marque déposée de
OmniScriptum GmbH & Co. KG
Heinrich-Böcking-Str. 6-8, 66121 Saarbrücken, Deutschland / Allemagne
Email: info@presses-academiques.com

Herstellung: siehe letzte Seite /
Impression: voir la dernière page
ISBN: 978-3-8381-4378-1

Copyright / Droit d'auteur © 2014 OmniScriptum GmbH & Co. KG
Alle Rechte vorbehalten. / Tous droits réservés. Saarbrücken 2014

TABLE DES MATIERES

I. INTRODUCTION

Un système homme-machine est un système composé de deux agents : un agent humain et une machine qui, depuis son apparition, est en constante évolution. Le développement récent des nouvelles technologies dans le domaine de l'automatisation des machines nous autorise désormais de parler de coopération homme-machine. Il est maintenant nécessaire de munir les machines d'un savoir-coopérer, après les avoir muni de savoir-faire (Millot & Lemoine, An attempt for generic concepts toward human-machine cooperation, 1998).

La diversité des opérateurs humains et celle des situations rencontrées lors d'une coopération homme-machine rendent l'adaptation des IHM (Interface Homme-Machine) au profil de l'opérateur courant et au contexte de l'interaction une nécessité pressante. En effet, si l'objectif est de faciliter l'utilisation de la machine et accroître la coopération entre les deux agents du système homme-machine, il est indispensable d'augmenter la flexibilité des IHM (i.e., leur capacité à évoluer au cours de l'interaction).

La conception des IHM dynamiques douées de capacités d'adaptation, en particulier d'auto-adaptation, est un domaine de recherche en plein essor qui fait appel à des compétences pluridisciplinaires variées : informatique, psychologie, ergonomie, intelligence artificielle, etc. Les travaux de recherche actuels dans ce domaine se centrent sur une question principale qui est : la création et la mise à jour de modèles pertinents et efficaces de l'utilisateur courant et de son environnement permettant une adaptation dynamique du comportement de l'IHM. Cette adaptation porte essentiellement sur le contenu, la présentation et les modalités des échanges d'informations entre l'utilisateur et la machine.

Afin de répondre à ces questions d'adaptabilité d'IHM, nous présentons, dans ce rapport de recherche, trois approches. La première consiste à faire évoluer l'IHM selon le niveau de risque de renversement de la machine. Un modèle de l'environnement permet dans ce cas de mesurer l'état de dangerosité dans lequel se trouve la machine. La deuxième approche est basée sur la construction d'un modèle de l'opérateur humain qui permet de calculer son niveau de compétence. Ce dernier est mesuré à partir de l'effort fourni correspondant à l'opérateur utilisant la machine. Finalement, la troisième approche consiste à coupler les deux modèles précédents, à savoir le modèle de l'utilisateur et celui de son environnement pour permettre une adaptabilité qui tient compte des deux agents coopératifs, l'utilisateur humain et la machine.

Pour ce faire, ce rapport a été organisé comme suite. La deuxième section présente des notions sur l'opérateur humain, ses modalités sensorielles, ses activités habituelles ainsi que son niveau de compétence à réaliser les tâches. La troisième section introduit la machine à vendanger G7 de Grégoire sur laquelle nos travaux de recherche ont été menés, de façon générale, et son interface utilisateur, en particulier. La section quatre résume ce qui a été fait dans le domaine de la coopération homme-machine jusqu'ici, notamment, les niveaux, modes et effets indésirables de celle-ci. Finalement et avant de conclure, nous présentons nos contributions en termes d'adaptabilité d'IHM à la section cinq.

II.   OPERATEUR

Dans cette partie nous présentons une nouvelle approche pour calculer le niveau de compétence de l'opérateur (i.e., conducteur) lors de la réalisation de l'activité de conduite. Pour ce faire, nous allons commencer par présenter les modalités sensorielles utilisées dans cette activité. Ensuite, nous décrirons l'activité de conduite à travers le modèle général de Michon (Michon, 1985). Enfin, nous décrirons le niveau de l'opérateur en présentant un modèle de compétence basé sur la notion d'effort ainsi qu'une approche générale et simplifiée pour calculer ce niveau.

1. Modalités sensorielles

Lors de la conduite, un opérateur utilise plusieurs modalités sensorielles. Ces modalités sont la vision, l'audition, le sens haptique et enfin le sens vestibulaire. Dans cette partie, nous présentons chacune d'elles en décrivant un peu leur usage.

a. La vision

La modalité visuelle est primordiale dans notre vie quotidienne de façon générale et dans toute activité de déplacement, comme celle de la conduite, de façon particulière (Sivak, 1996). Principalement, elle permet le guidage du véhicule. Elle comprend deux dimensions complémentaires : une dimension centrale et une autre périphérique. La première permet une très bonne discrimination (lecture, etc.) mais dans une zone qui est très limitée. Quant à la deuxième, elle est très sensible aux mouvements même si elle ne permet pas une fine discrimination (Navarro, 2008).

Depuis plusieurs années, des chercheurs s'intéressent à étudier la prise d'informations visuelles en situation de conduite (Donges, 1978).

Par exemple, Summala, Nieminen et Punto (Summala, Nieminen, & Punto, 1996) ont mis en évidence la capacité chez les opérateurs expérimentés à utiliser la vision périphérique afin de maintenir leur véhicule dans la voie de circulation. Cette étude consistait à conduire à faible allure sur une ligne droite de 210 mètres où les conducteurs devaient aussi fixer leur regard (vision centrale) sur des tâches, impliquant de regarder un dispositif situé à différentes excentricités dans le véhicule.
Les performances des conducteurs novices étaient altérées même lorsque la tâche mobilisant leur regard était située à proximité du compteur de vitesse (faible excentricité), alors que celles des expérimentés n'étaient altérées que lorsque la tâche se situait au milieu du tableau de bord (excentricité moyenne).

Par ailleurs, Land et Horwood (Land, Which parts of the road guide steering?, 1995) ont mis en évidence la distinction entre zone visuelle proche et une zone visuelle plus lointaine.
Land et Lee (Land & Lee, Where we look when we steer, 1994) ont montré l'importance du point tangent, qui est un point avec certaines propriétés géométriques, dans la prise de virage. Wilson, Stephenson, Chattington et Marple-Horvat (Wilson, Stephenson, Chattington, & Marple-Horvat, 2007) ont mis en évidence une corrélation entre le mouvement des yeux et les actions effectués sur le volant.

Expérimentalement, sur simulateur, Mars (Mars, 2008) a mis l'accent sur le lien étroit existant entre le positionnement du regard dans la scène visuelle et la gestion du contrôle latéral du véhicule.

La modalité visuelle est souvent évitée quant à la transmission aux conducteurs des avertissements urgents et informations supplémentaires (Campbell, In-Vehicle Display Icons and Other Information Elements: Volume II: Final Report, 2004) (Campbell, Richard, Brown, & McCallum, 2007) (ISO/TR, 2005). Cela est principalement dû au nombre très important d'informations visuelles que les conducteurs ont à prendre en compte au cours de l'activité de conduite. Cependant, au cours des dernières années, de nouveaux dispositifs dits « tête haute » offrant de nombreuses possibilités afin d'enrichir la scène visuelle des conducteurs, sont de plus en plus utilisés dans le domaine de la conduite automobile (Mestre, Activité sensori-motrices : apports de la réalité virtuelle à la psychologie ergonomique, 2004) (Mestre, Mars, Durand, Vienne, & Espié, 2005).

b. L'audition

La modalité auditive est utilisée pour renseigner les conducteurs de l'état du véhicule (état de fonctionnement suivant les sons émis par le véhicule, changement de vitesse suivant le bruit généré par le moteur, détection de pannes en fonction des bruits émis, etc.) ainsi que de celui de l'environnement (état de la route en fonction des bruits de roulement ou présence de graviers, négociation d'un virage sans visibilité sur une route étroite à double sens avec des klaxons, etc.).

L'audition est également utilisée pour fournir des informations supplémentaires aux conducteurs (avertissements et/ou alertes auditifs, etc.). Particulièrement, cela évite d'entrer en concurrence directe avec l'activité de conduite visuo-motrice.

De fait, Deartherage (Deatherage, 1972) propose l'utilisation d'équipements auditifs lorsque le message à transmettre est court et simple, qu'il n'y sera pas fait référence ultérieurement, qu'il ne transmet pas d'informations de nature spatiale et/ou qu'il requiert une action immédiate (voir aussi (Campbell, Richard, Brown, & McCallum, 2007) (Campbell, In-Vehicle Display Icons and Other Information Elements: Volume II: Final Report, 2004) (ISO/TR, 2005)).

Des travaux de recherches (Colavita, 1974) (Campbell, In-Vehicle Display Icons and Other Information Elements: Volume II: Final Report, 2004) montrent également que l'utilisation des alertes auditives permet d'attirer l'attention visuelle des conducteurs plus rapidement que l'utilisation des dispositifs visuels. Par exemple, certains systèmes d'aide au garage des véhicules émettent un son dont la fréquence augmente au fur et à mesure que l'on se rapproche d'un obstacle.

c. Les informations haptiques

Les informations haptiques se définissent comme la combinaison des informations tactiles et kinesthésiques. C'est pourquoi d'ailleurs elles sont parfois nommées informations tactilo-kinesthésiques (Navarro, 2008). La modalité haptique implique donc un mouvement actif de la part de l'humain. La perception haptique est sollicitée lors de l'exploration manuelle d'objets, par exemple.

L'utilisation de ce canal pour la transmission d'informations consiste à détourner la modalité de sa fonction principale afin d'en faire un outil pour rediriger l'attention de l'utilisateur.

Pour l'activité de conduite et lors du guidage du véhicule, toutes les actions du conducteur sur le volant et le pédalier impliquent ce type de perception (retour de force en actionnant la pédale de frein, en tournant le volant, etc.).

Selon (Essma, 2000), ce retour de force, à quelques légères distorsions, augmente proportionnellement avec l'accélération latérale du véhicule. Cela permet d'apporter des informations relatives à la dynamique du véhicule. Une étude sur simulateur montre aussi que les conducteurs sont capables de s'adapter à différentes lois de restitution des retours de forces si ces dernières restent corrélées à l'angle au volant (Toffin, 2003). Un retour absent ou inversé rend la conduite impossible. Quant à Van Erp et Van Veen, ils mettent en évidence l'apport d'un dispositif d'aide à la navigation qui consiste d'équiper le siège du conducteur par des vibreurs afin de fournir des informations directionnelles au conducteur (Van Erp & Van Veen, 2004).

Le vestibule est un organe sensoriel situé dans l'oreille interne. Il a comme principale activité la stabilisation du regard ainsi que l'équilibration.

En conduite automobile, cette modalité permet de renseigner sur les accélérations du véhicule étant donné que les conducteurs se déplacent avec leur véhicule. Les informations vestibulaires renseignent donc sur la dynamique du véhicule et sont particulièrement utiles en virage, car l'accélération latérale indique la vitesse de prise du virage et sa compatibilité avec la géométrie du virage.

A titre d'exemple, Reymond, Kemeny, Droulez et Berthoz (Reymond, Kemeny, J., & Berthoz, 2001) ont montré le rôle de l'accélération latérale dans le réglage de la vitesse en virage.

Malheureusement, pour des raisons sécuritaires, cette modalité sensorielle n'a jamais été utilisée pour transmettre des informations aux conducteurs.

Même si chaque modalité a été présentée indépendamment des autres, il faut préciser qu'en réalité la perception de l'environnement résulte de l'intégration de ces différentes informations sensorielles entre elles (Authié, 2011). Par exemple, lors d'un freinage brusque, les conducteurs disposent d'informations visuelles, auditives, haptiques et vestibulaires (Navarro, 2008).

En conduite automobile, les modalités sensorielles les plus souvent combinées sont la vision et l'audition. Dingus, Hulse, McGehee et Manakkal (Dingus, Hulse, McGehee, & Manakkal, 1994) montrent une diminution des ressources visuelles allouées au dispositif d'aide à la navigation embarquée lorsqu'une information auditive est ajoutée à l'information visuelle (voir aussi (Srinivasan, Yang, Jovanis, Kitamura, & Anwar, 1994) et (Wickens & Seppelt, 2002)).
D'un autre côté, des temps de réponse plus courts ont été enregistrés avec un dispositif utilisant au même temps des informations auditives et visuelles comparativement aux dispositifs uni-modaux (Chan & Chan, 2006) (Selcon, Taylor, & McKenna, 1995).

Quant aux informations visuelles et haptiques, Van Erp et VanVeen (Van Erp & Van Veen, 2004) ont mis en évidence l'amélioration de performances, en termes de temps de réponse, qui pourrait être apportée avec leur combinaison.

Egalement, dans le cadre des assistances destinées à alerter les conducteurs d'une collision imminente avec le véhicule précédent, une diminution des temps de réponse au freinage ainsi qu'une augmentation des marges de sécurité, en ajoutant aux informations auditives des informations haptiques ont été observées (Ho, Reed, & Spence, 2006).

Il faut noter que la combinaison d'informations sensorielles ne s'accompagne pas toujours d'une amélioration des performances (Liu, 2001). Cependant, elle ne sera jamais inférieure à la meilleure performance des deux modalités combinées.

2. Activités en conduite

Dans le cadre de la conduite automobile, afin de faire évoluer leur véhicule dans l'environnement routier, les opérateurs doivent en effet mener à bien différentes tâches.

Michon (Michon, 1985) considère l'activité de conduite comme un ensemble de tâches simultanées et propose un découpage hiérarchique de ces tâches en trois niveaux en fonction des exigences temporelles ainsi que cognitives (Figure 1), un découpage qui s'est imposé comme une référence par la suite.

Exigences temporelles   Exigences cognitives

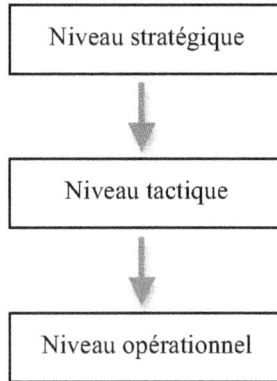

Figure 1- Modèle de Michon (Michon, 1985): activités en conduite

a. Activités opérationnelles

C'est le plus bas niveau de la hiérarchie. Il correspond à l'exécution des décisions prises aux niveaux tactique et stratégique (dépassement d'un autre véhicule, etc.). Le coût cognitif associé à ce niveau est très faible contrairement aux contraintes temporelles qui sont très fortes.

b. Activités tactiques

C'est un niveau intermédiaire entre les deux niveaux opérationnel et stratégique. En effet, les exigences cognitives sont plus importantes qu'au niveau opérationnel, tandis que les contraintes temporelles sont moins importantes. C'est à ce niveau que les conducteurs décident des actions qu'ils vont mener dans les instants qui suivent (la décision de : dépasser un autre véhicule, s'arrêter à un passage piéton, etc.).

c. Activités stratégiques

Le niveau stratégique est le plus haut niveau dans la hiérarchie. Les tâches exécutées ici requièrent un investissement cognitif fort, mais les contraintes temporelles sont plutôt faibles (décision concernant : la planification du parcours, le choix de l'itinéraire, etc.).

Malheureusement, ce découpage ne prend pas en compte l'évolution des habiletés de conduite, car il est basé sur le comportement ainsi que l'aspect temporel plutôt que sur les processus cognitifs. Par exemple, un débutant peut être amené à gérer le niveau opérationnel de ce modèle avec des coûts temporel et cognitif très élevé.

Par ailleurs, on trouve des travaux de recherches, comme ceux dans (Stanton N. A., Young, Walker, Turner, & Randle, 2001), qui classent les tâches relatives à la conduite en trois grandes catégories : le guidage, la navigation et l'identification de risques.
La recherche d'informations dans l'environnement permet aux opérateurs d'identifier des sources de dangers potentiels (état de la route, trafic, etc.). Dans le cas général de la conduite automobile, on trouve trois grandes classes de risques : (i) les risques dynamiques (collision avec d'autres véhicules, piétons, cyclistes, etc.), (ii) les risques statiques (collision avec des constructions, déformations de la

route, trottoirs, etc.) et (iii) les risques sociétaux (les limitations de vitesse, les signalisations routières, etc.).

De même, dans le cadre de développement d'assistances d'aide à la conduite qui ont comme objectif d'avertir l'opérateur d'un risque donné, certains indices prélevés dans l'environnement peuvent être utilisés pour donner un retour perceptif supplémentaire à l'opérateur. Dans ce travail, nous nous intéressons aux retours perceptifs additionnels émanant du véhicule afin d'avertir l'opérateur du risque de renversement.

3. Niveaux de traitement de l'information

Dans la section précédente, nous avons présenté une classification des tâches de l'activité de conduite. Conformément à cette dernière, Rasmussen (Rasmussen, Skills, rules and knowledge: Signals, signs and symbols, and other distinctions in human performance models, 1983) (Rasmussen, Information Processing and Human-Machine Interaction: An Approach to Cognitive Engineering, 1986) a proposé un modèle comportemental basé sur trois niveaux de traitement de l'information ; une catégorisation où les comportements sont régis sur la base d'habilités, de règles ou de connaissances.

Suite à ces travaux, Hoc et Amelberti (Hoc & Amalberti, Cognitive control dynamics for reaching a satisficing performance in complex dynamic situations, 2007) ont proposé un modèle simplifié à deux niveaux de traitement de l'information : symbolique et subsymbolique. Ces niveaux sont définis en fonction de la nature des informations traitées.

a. Niveau symbolique

Ce niveau est défini par l'usage des symboles pour traiter les informations à disposition des individus. Le traitement de l'information, dans ce cas, est séquentiel et coûteux en temps aussi bien qu'en attention symbolique. Il ne permet pas donc l'exécution de tâches parallèlement.

b. Niveau subsymbolique

Ce niveau est basé sur l'usage des signaux. Le traitement de l'information dans ce cas ne nécessite que peu de ressources attentionnelles symboliques. Un traitement parallèle est permis si les deux tâches ne mobilisent pas la même modalité sensorielle.

Deux tâches symbolique et subsymbolique peuvent être très bien exécutées en parallèle. Par exemple, en conduite automobile, on peut guider le véhicule (tâche principalement subsymbolique) tout en menant une conversation téléphone ou autre de nature symbolique, même si cela généralement dégrade les performances des opérateurs (Cairda, Willness, Steel, & Scialfa, 2008).

4. Niveau de compétence de l'opérateur

En conduite automobile, quelques heures d'apprentissage sont généralement suffisantes pour développer les compétences nécessaires au déplacement dans un environnement varié, avec un véhicule aux caractéristiques diverses (dimensions, etc.). Pratiquement, cela revient à apprendre à réaliser plusieurs tâches de natures très différentes et le plus souvent de façon parallèle (guidage, navigation, identification de risques, etc.). La relation de l'opérateur avec son environnement est définie par des règles communément acceptées (code de la route ou règles tacites) auxquelles l'opérateur doit se conformer.

Dans cette section, nous présentons une méthode de mesure du niveau de compétence des opérateurs humains. Cette méthode est indirecte (sans questionner directement l'opérateur de son niveau de compétence) et transparente. Cependant, une partie des variables utiles à l'évaluation du niveau de compétence de l'opérateur ne seront pas prises en comptes. Nous définissons néanmoins un certain nombre d'hypothèses qui, si elles sont respectées, permettent de contraindre ces variables et d'obtenir une mesure correcte du niveau de compétence de l'opérateur.

a. Variables impliquées

Afin d'étudier la notion de difficulté dans les jeux vidéo, Levieux (Levieux, 2011) a proposé un modèle de la difficulté décrivant les liens entre plusieurs variables y compris celle du niveau de compétence du joueur (voir Figure 2).

Dans cette section, nous allons adapter ce modèle à notre cas d'étude en précisant et définissant les variables qui sont en relation avec le niveau de compétence des joueurs (ce qui correspond dans notre cas au : niveau de compétence des opérateurs).

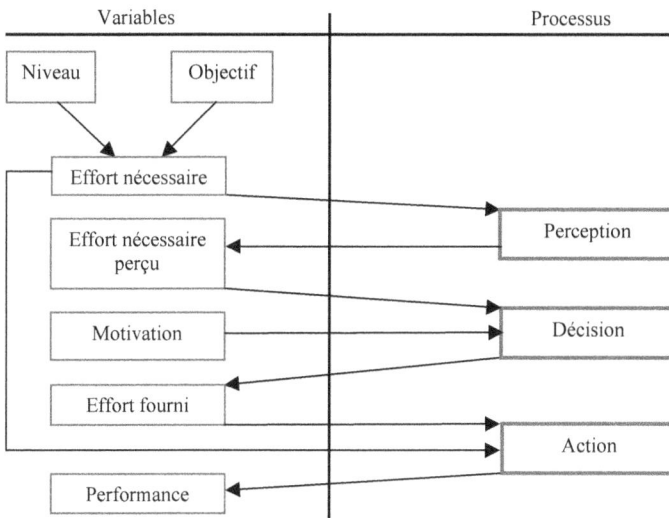

Figure 2- Relations entre les variables du modèle de difficulté (Levieux, 2011).
Les rectangles au texte en italique sont des processus, les carrés sont des variables.

La Figure 2 montre que le « niveau de compétence de l'opérateur » et la tâche à réaliser (« l'objectif » à atteindre) déterminent « l'effort nécessaire », c'est-à-dire la difficulté de la tâche. D'abord, l'opérateur perçoit « l'effort nécessaire ». Ensuite, il décide, suivant sa motivation et l'effort nécessaire perçu, de l'effort qu'il va effectivement investir : « l'effort fourni ». Enfin, le rapport entre « l'effort fourni » et « l'effort nécessaire » indique la performance que l'opérateur va atteindre.

Par la suite, sous certaines hypothèses (l'effort perçu par l'opérateur est maximal, la motivation de l'opérateur est maximale, etc.), Levieux a proposé un modèle simplifié et plus opérationnelle (Figure 3). Ce modèle présente la performance comme une image directe de l'effort nécessaire et l'effort fourni par l'opérateur (en réalité, dans son cas, Levieux considère l'effort fourni comme constant et donc la performance dépend uniquement de l'effort nécessaire). La mesure de la performance de l'opérateur permet donc d'avoir une image de la difficulté qui n'est pas directement mesurable. Pour plus de détails sur cette adaptation, voir (Levieux, 2011).

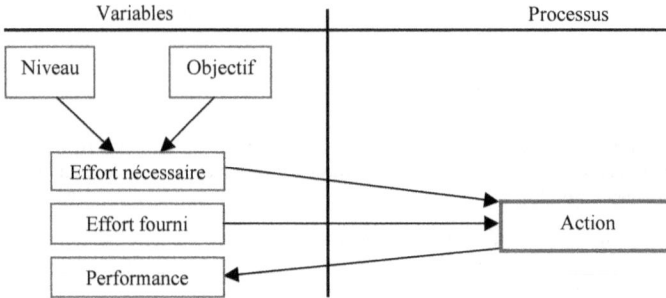

Figure 3- Modèle simplifié de difficulté

En ce qui nous concerne, ce qu'il faut retenir de cette simplification est que la variable effort fourni est une image directe de l'effort nécessaire. Autrement dit, l'effort fourni peut être vu comme résultant d'un objectif et du niveau de compétence de l'opérateur. Dans la suite, et sous les même hypothèses posées par Levieux (Levieux, 2011), nous allons voir toutes les variables intervenues dans cette partie (i.e., objectif, effort fourni et niveau de compétence) en détails afin d'arriver à définir une méthode pour mesurer le niveau de compétence de l'opérateur. Ce dernier n'étant pas directement mesurable à partir du comportement de l'opérateur, mais peut être déduit à partir d'autres variables.

b. Modèle de compétence simplifié

L'opérateur, avec un certain niveau de compétence, déploie un certain effort pour atteindre un objectif bien défini. La Figure 4 présente un modèle simplifié de compétence mettant en relation trois variables : objectif, effort fourni et niveau de compétence de l'opérateur.

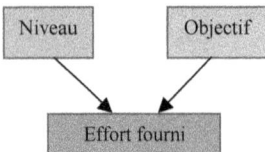

Figure 4- Modèle simplifié de compétence.
Vert: à mesurer, Gris: constante et Bleu: variable.

Un *objectif* est considéré comme une fonction à deux états : atteint ou non atteint. Pour qu'un objectif soit atteint, l'opérateur doit parvenir à modifier l'état initial pour satisfaire cette fonction. Par exemple, la tâche de récolte est un objectif particulier. Au début de cette tâche, la récolte n'est pas encore effectuée et donc l'objectif n'est pas atteint, mais lorsque l'opérateur termine sa récolte de la parcelle, à ce moment là on peut dire que l'objectif est atteint. Un objectif est aussi décomposable en sous-objectifs intermédiaires comme c'est le cas pour les tâche et sous-tâches. L'opérateur va devoir atteindre les sous-objectifs afin de progresser vers son objectif final. Les sous-objectifs sont souvent redondants et poursuivis de manière répétitive (récolter une parcelle revient généralement à récolter plusieurs lignes de cette parcelle dont la même stratégie est suivie pour chacune des lignes, etc.). Dans notre cas, on considère que la variable objectif est constante, ce qui fait que tous les opérateurs effectuent la même tâche.

compétence de l'opérateur ne seront pas prises en comptes. Nous définissons néanmoins un certain nombre d'hypothèses qui, si elles sont respectées, permettent de contraindre ces variables et d'obtenir une mesure correcte du niveau de compétence de l'opérateur.

a. Variables impliquées

Afin d'étudier la notion de difficulté dans les jeux vidéo, Levieux (Levieux, 2011) a proposé un modèle de la difficulté décrivant les liens entre plusieurs variables y compris celle du niveau de compétence du joueur (voir Figure 2).

Dans cette section, nous allons adapter ce modèle à notre cas d'étude en précisant et définissant les variables qui sont en relation avec le niveau de compétence des joueurs (ce qui correspond dans notre cas au : niveau de compétence des opérateurs).

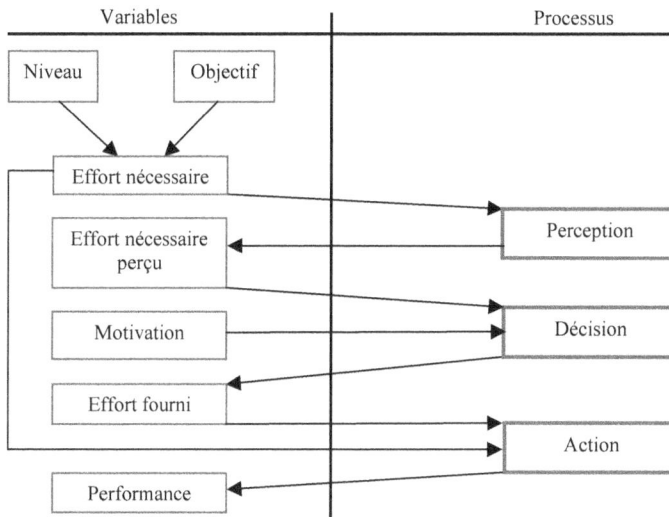

Figure 2- Relations entre les variables du modèle de difficulté (Levieux, 2011).
Les rectangles au texte en italique sont des processus, les carrés sont des variables.

La Figure 2 montre que le « niveau de compétence de l'opérateur » et la tâche à réaliser (« l'objectif » à atteindre) déterminent « l'effort nécessaire », c'est-à-dire la difficulté de la tâche. D'abord, l'opérateur perçoit « l'effort nécessaire ». Ensuite, il décide, suivant sa motivation et l'effort nécessaire perçu, de l'effort qu'il va effectivement investir : « l'effort fourni ». Enfin, le rapport entre « l'effort fourni » et « l'effort nécessaire » indique la performance que l'opérateur va atteindre.

Par la suite, sous certaines hypothèses (l'effort perçu par l'opérateur est maximal, la motivation de l'opérateur est maximale, etc.), Levieux a proposé un modèle simplifié et plus opérationnelle (Figure 3). Ce modèle présente la performance comme une image directe de l'effort nécessaire et l'effort fourni par l'opérateur (en réalité, dans son cas, Levieux considère l'effort fourni comme constant et donc la performance dépend uniquement de l'effort nécessaire). La mesure de la performance de l'opérateur permet donc d'avoir une image de la difficulté qui n'est pas directement mesurable. Pour plus de détails sur cette adaptation, voir (Levieux, 2011).

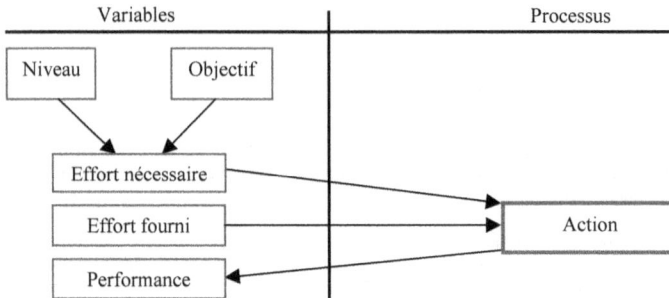

Figure 3- Modèle simplifié de difficulté

En ce qui nous concerne, ce qu'il faut retenir de cette simplification est que la variable effort fourni est une image directe de l'effort nécessaire. Autrement dit, l'effort fourni peut être vu comme résultant d'un objectif et du niveau de compétence de l'opérateur. Dans la suite, et sous les même hypothèses posées par Levieux (Levieux, 2011), nous allons voir toutes les variables intervenues dans cette partie (i.e., objectif, effort fourni et niveau de compétence) en détails afin d'arriver à définir une méthode pour mesurer le niveau de compétence de l'opérateur. Ce dernier n'étant pas directement mesurable à partir du comportement de l'opérateur, mais peut être déduit à partir d'autres variables.

b. Modèle de compétence simplifié

L'opérateur, avec un certain niveau de compétence, déploie un certain effort pour atteindre un objectif bien défini. La Figure 4 présente un modèle simplifié de compétence mettant en relation trois variables : objectif, effort fourni et niveau de compétence de l'opérateur.

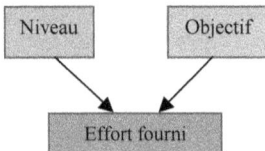

Figure 4- Modèle simplifié de compétence.
Vert: à mesurer, Gris: constante et Bleu: variable.

Un ***objectif*** est considéré comme une fonction à deux états : atteint ou non atteint. Pour qu'un objectif soit atteint, l'opérateur doit parvenir à modifier l'état initial pour satisfaire cette fonction. Par exemple, la tâche de récolte est un objectif particulier. Au début de cette tâche, la récolte n'est pas encore effectuée et donc l'objectif n'est pas atteint, mais lorsque l'opérateur termine sa récolte de la parcelle, à ce moment là on peut dire que l'objectif est atteint. Un objectif est aussi décomposable en sous-objectifs intermédiaires comme c'est le cas pour les tâche et sous-tâches. L'opérateur va devoir atteindre les sous-objectifs afin de progresser vers son objectif final. Les sous-objectifs sont souvent redondants et poursuivis de manière répétitive (récolter une parcelle revient généralement à récolter plusieurs lignes de cette parcelle dont la même stratégie est suivie pour chacune des lignes, etc.). Dans notre cas, on considère que la variable objectif est constante, ce qui fait que tous les opérateurs effectuent la même tâche.

Par ailleurs, un effort doit toujours être fourni pour que l'opérateur atteigne son objectif. L'***effort fourni*** correspond à l'effort que l'opérateur investit effectivement pour atteindre l'objectif prévu. Il faut néanmoins rappeler que l'opérateur dispose d'une certaine quantité de ressources (attentionnelles, cérébrales, de mémorisation, etc.) et que cette quantité est bornée. En réalité, l'effort de l'opérateur n'est que l'exploitation de ces ressources. De façon plus précise, c'est le rapport entre la quantité de ressources investie et la quantité de ressources disponibles. Par conséquent, l'effort fourni est une variable dépendante de la quantité de ressources mise en œuvre par l'opérateur lorsqu'il est en train de réaliser son objectif.

La section suivante détaillera la variable « niveau de compétence de l'opérateur » et présentera une méthode pour son calcul.

c. Calcul du niveau de compétence

De façon générale, le ***niveau*** de l'opérateur regroupe les savoirs et compétences qui lui permettent de convertir un effort en une certaine performance. Par exemple, si deux opérateurs investissent un effort similaire pour atteindre un objectif, ils n'obtiendront pas forcément le même résultat, car leurs savoirs sont différents, leurs stratégies de résolution sont différentes, plus ou moins efficaces, et plus ou moins bien exécutées. Ces savoirs et compétences qui représentent l'expertise de l'opérateur sont acquis au fil du temps, année après année lorsque l'opérateur tentait d'atteindre des objectifs plus ou moins similaires. Dans ce qui va suivre, nous ne considérons aucune différence entre savoirs et compétences et parlons plutôt de « niveau de compétence de l'opérateur » au lieu de « niveau des compétence et savoir de l'opérateur ».

D'après notre modèle de compétence présenté par la Figure 4, il apparait clairement que le niveau de compétence de l'opérateur dépend uniquement de l'effort fourni par ce dernier. En effet, le niveau de compétence de l'opérateur est l'effort que doit fournir l'opérateur pour atteindre un objectif. Les deux variables : niveau de compétence de l'opérateur et effort fourni par l'opérateur sont inversement relatives ; c'est-à-dire plus la première est élevée, moins la deuxième est importante.

Afin de tenir compte des sous-objectifs de nature différente, nous proposons de modéliser le niveau de compétence de l'opérateur comme un ensemble de « **capacités** ». Par exemple, l'opérateur peut avoir un « très bon » niveau pour la tâche récolte mais un niveau « très modeste » quand il s'agit de faire des manœuvres pour se repositionner en ligne. L'opérateur a éventuellement des capacités différentes par rapport aux sous-objectifs. Nous considérons donc chaque capacité comme une évaluation du niveau de compétence de l'opérateur, vis-à-vis un sous-objectif particulier. Pour faire simple, nous proposons de mesurer les capacités de l'opérateur en les discrétisant. Nous fixons donc deux valeurs pour chaque capacité : *Débutant* et *Expert*. Plus formellement une capacité est définie comme suit :

Définition 1 (mesure de capacité). Soient p un opérateur et e_i l'effort fourni par p lors de la réalisation du sous-objectif o_i dans le contexte de l'objectif o. La capacité de l'opérateur p vis-à-vis le sous-objectif o_i est : (i) ***capacité (p, o, o_i) = Débutant*** <u>si</u> $1/e_i < S$ <u>sinon</u> (ii) ***capacité (p, o, o_i) = Expert***, tel que S est un seuil défini en fonction du contexte (objectif o) et le domaine d'application considéré.

La définition précédente précise le fait qu'une capacité est liée à un certain opérateur et dépendante d'un certain contexte qui est l'objectif final dans notre cas. La capacité est donc l'opposé de l'effort fourni pendant la réalisation du sous-objectif correspondant. Ensuite, elle est évaluée selon que cette valeur est supérieure ou inférieure à un certain seuil qui lui aussi dépendant du contexte et du domaine de l'activité (ou application) considérée.

Finalement, nous pouvons proposer une définition du niveau de compétence de l'opérateur. Afin de simplifier notre modèle, nous proposons également de fixer trois valeurs pour chaque niveau de compétence : *Débutant*, *Intermédiaire* et *Expert*.

Définition 2 (mesure de niveau de compétence). Soient p un opérateur et e l'effort fourni par p lors de la réalisation de l'objectif o. Ce dernier étant décomposable en plusieurs sous-objectifs o_i tel que $i \in \{1,..., n\}$. Le niveau de compétence de l'opérateur p est :

(i) *niveau (p, o) = Débutant* <u>si</u> $|capacité\ (p,\ o,\ o_i) = Débutant| > |capacité\ (p,\ o,\ o_i) = Expert|$,
(ii) *niveau (p, o) = Intermédiaire* <u>si</u> $|capacité\ (p,\ o,\ o_i) = Débutant| = |capacité\ (p,\ o,\ o_i) = Expert|$
<u>sinon</u> (iii) *niveau (p, o) = Expert*, tel que $|X|$ représente le cardinal de l'ensemble X.

Informellement, le niveau de compétence de l'opérateur par rapport à un objectif particulier est qualifié Débutant si le nombre de ses capacités vis-à-vis aux sous-objectifs à valeur Débutant est plus grand que celui de ses capacités évaluées en tant qu'Expert. En cas d'égalité entre ces deux ensembles, on dit que son niveau de compétence est Intermédiaire. Sinon, l'opérateur est Expert dans la réalisation de cet objectif.

Implicitement, cette méthode de mesure suppose que tous les sous-objectifs composant l'objectif final ont la même importance quant à la réalisation de ce dernier. Cela implique l'hypothèse de la même difficulté pour atteindre les différents sous-objectifs. En réalité, cela n'est pas toujours valide et on peut rencontrer des difficultés d'ampleur différente affectées aux sous-objectifs du même objectif. Néanmoins, si un cas pareil se présente, nous proposons d'adapter notre méthode présentée dans la définition 2, en affectant des poids aux capacités dont les sous-objectifs présentent une grande difficulté et donc demandent plus d'effort à fournir.

III.   MACHINE G7 DE GREGOIRE

Dans cette section, comme dans le projet ActiSurTT, nous nous intéressons à un type particulier de véhicules qui sont les machines à vendanger G7 de Grégoire (Figure 5). Comme tout véhicule moderne, cet agroéquipement est un système mécatronique complexe rassemblant des composantes mécaniques, électriques, électroniques et informatiques nécessitant au moins 200 millions de lignes de codes (Enache, 2008). Ces machines sont conçues et fabriquées afin d'offrir un maximum de performances et de faciliter la récolte.

Figure 5- La machine G7.240 de Grégoire[1] (Grégoire, 2010)

---

[1] Comme pour les autres véhicules, l'utilisation et la conduite de cette machine doivent être réservées à des personnes ayant suivi une formation et légalement habilitées à s'en servir.

1. Description générale

La machine G7 est une machine agricole à vendanger. Elle a été conçue pour fonctionner dans des conditions très diverses et avec des cépages variés (Grégoire, 2010).

La machine G7 comprend deux systèmes principaux : (i) le véhicule automoteur doté d'un moteur, de systèmes d'entraînement et de commandes, et (ii) le module de récolte doté de secoueurs, de convoyeurs, de systèmes de nettoyage, de bennes de stockage du raisin ou de bras. Les fonctions de la machine sont commandées par des systèmes hydrauliques.

A l'aide des vérins, les côtés droit, gauche, avant et/ou arrière peuvent être relevés pour changer l'inclinaison de la machine. En effet, elle peut fonctionner sur des pentes de 35% et des dévers de 25% à condition toutefois que le sol fournisse une adhérence suffisante, faute de quoi ses performances risquent de diminuer de façon sensible. Cependant, de par sa conception de type enjambeur, sa voie et son empattement, ce type de machines est moins maniable que d'autres machines agricoles.

2. IHM réelle de la machine G7

Pour conduire la machine, l'opérateur doit se placer dans le poste de conduite (Figure 6). Ce dernier permet une meilleure visibilité grâce notamment à la forme incurvée du pare brise et les larges rétroviseurs. De même, il dispose d'une Interface Homme-Machine de haute de gamme afin de permettre la meilleure coopération entre l'opérateur et la machine. Les principaux composants qui constituent cette interface sont : le VIEWmaster, le MULTIdrive et le CONTROLmaster.

Figure 6- Poste de conduite de la G7

a. View Master

Le terminal View Master centralise toutes les fonctions et informations de la machine. Il dispose d'un grand écran tactile en couleur (Figure 7). Il permet à l'opérateur d'être au courant aussi bien de l'état de la machine que de l'état de son environnement. En effet, il affiche plusieurs types d'informations et intègre nombreuses fonctions compteur (Grégoire, 2010). Il est aussi doté d'une mémoire interne qui permet d'enregistrer et de transférer un volume important de données vers un ordinateur.

Figure 7- View Master de la G7

Le View Master affiche trois écrans principaux comme c'est illustré par les figures suivantes (Figure 8, Figure 11 et Figure 12) :

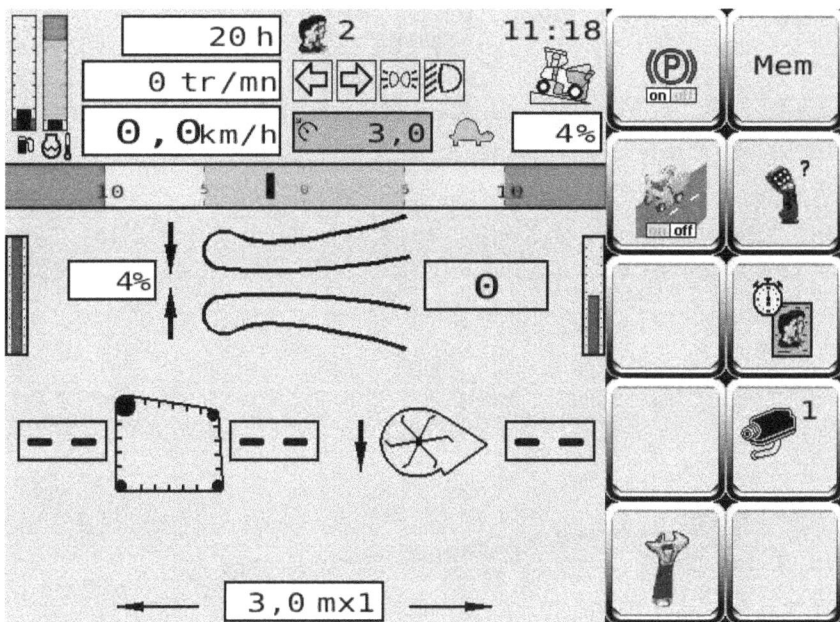

Figure 8- Ecran principal 1 du View Master

Particulièrement, à partir de l'écran principal 1 (Figure 8) on peut accéder à l'écran de paramétrage des alarmes (Figure 10) via le bouton illustré par la Figure 9. Cet écran secondaire et selon le type de dysfonctionnement qui a eu lieu, on a la possibilité de : (i) activer/désactiver l'affichage de l'alarme, et (ii) choisir un son accompagnant cet affichage (buzzer et/ou klaxon).

Figure 9- Bouton permettant l'accès à l'écran de paramétrage des alarmes

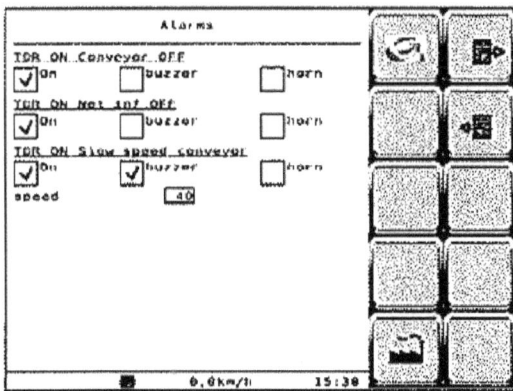

Figure 10- Ecran secondaire pour paramétrer les alarmes

Figure 11- Ecran principal 2 du View Master

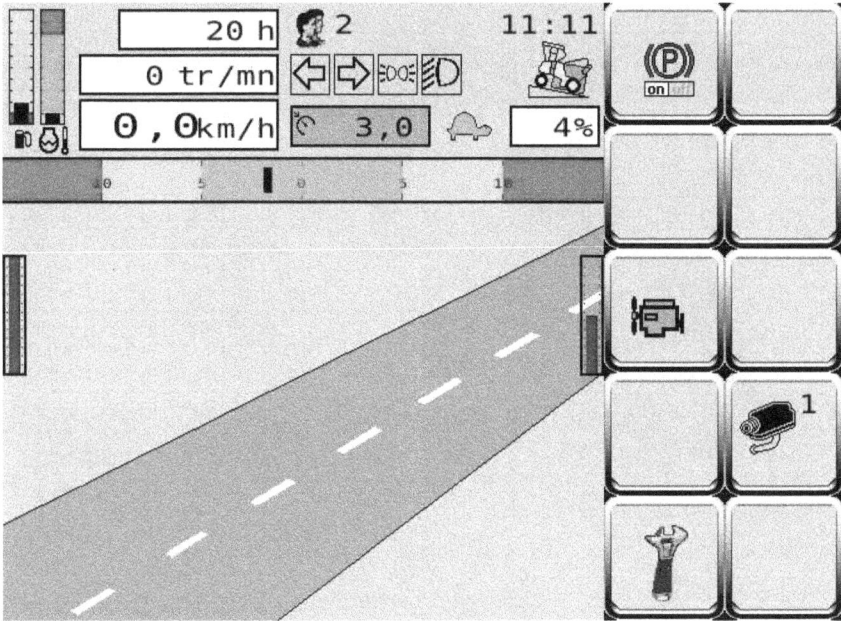

Figure 12- Ecran principal 3 du View Master

Pour plus de détails sur l'utilisation de ces différents écrans ainsi que la fonction de chacun des boutons, se référer au manuel d'utilisation de la machine (Grégoire, 2010).

b. Multi Drive

Le Multi Drive (Figure 13), situé à droite du siège, permet d'actionner les fonctions principales (marche avant/arrière de la machine, relevage/abaissement du côté gauche/droit de la machine, relevage/abaissement de la benne gauche/droite, etc.) à l'aide du joystick pour plus de précision et de contrôle (Grégoire, 2010).

Figure 13- MULTIdrive de la G7

c. Control Master

Le Control Master réunit des informations de fonctionnement de la machine ainsi que les commandes des outils qui sont de types différents. L'apparence de la console change automatiquement en fonction de l'outil connecté (module de récolte, pulvérisateur, rogneuse, etc.). Il permet également de régler la vitesse de la machine en fonction de son utilisation (voir dans (Grégoire, 2010) pour plus de détails).

Figure 14- CONTROLmaster de la G7

3. IHM simplifiée sur simulateur

Le projet ActiSurTT consiste en partie, à étudier l'apprentissage et l'interaction avec l'opérateur de la machine G7 (voir description du projet, tâche 4.1). En quelque sorte, nous avons à définir les règles de fonctionnement d'un système d'aide à la conduite adaptatif aux chauffeurs de cette machine. Tout d'abord, il faut être capable d'identifier le niveau de compétence de l'opérateur courant grâce à l'analyse de ses interactions avec la machine. Ensuite, adapter l'interface reliant ces deux agents en fonction du niveau détecté. Pour des raisons sécuritaires et financières, nous avons décidé de mener nos expérimentations sur simulateur. Dans ce qui suit, nous présentons notre besoin à minima en termes d'éléments à inclure au simulateur (Tableau 1).

Les interactions entre l'opérateur et la machine G7 comprennent non seulement les actions de l'opérateur sur la machine (utilisation du volant, du joystick Multi Drive et de l'écran Control Master), mais également les informations données à l'opérateur, notamment par l'intermédiaire du View Master.

Par conséquent, réaliser ce travail demande, au minimum, pour tout essai sur simulateur de pouvoir piloter la machine à vendanger, en la faisant avancer/reculer ainsi que le réglage de l'inclinaison de la machine.

Précisément, le simulateur doit permettre de gérer les marches avant et arrière de la machine avec différents régimes moteur et gérer la correction de devers. Le tableau suivant illustre les fonctionnalités et éléments à inclure au simulateur.

Tableau 1- Eléments à inclure au simulateur à minima

	Commande	Elément de la machine pour la réalisation des fonctions	Eléments à inclure au simulateur A MINIMA
Déplacement de la machine	Marche Avant + changement vitesse	Joystick (pivotement + basculement vers l'avant)	Joystick
	Marche Arrière + changement vitesse	Joystick (pivotement + basculement vers l'arrière)	Joystick
	Réglage et affichage du régime moteur	2 boutons sur "Control Master" + Affichage RPM sur "Ecran tactile"	2 boutons sur "Boîte à boutons" + Insertion dans la scène du RPM
	Changement de mode route (0-25km/h) /mode champ (0-8 km/h)	1 bouton sur "Control Master" + Affichage Tortue/Lièvre sur "Ecran tactile"	1 bouton sur "Boîte à boutons" + Insertion dans la scène du mode route/champ
	Réglage et affichage de la vitesse	1 bouton sur "Control Master" pour activation + boutons H & I du joystick pour réglage + Affichage Vitesse sur "Ecran tactile"	1 bouton sur "Boîte à boutons" + 2 boutons sur joystick + Insertion dans la scène de la vitesse
	Direction	Volant	Volant
	Frein	Pédale de frein	Pédale de frein
Assiette de la machine	Relevage gauche	Joystick (basculement vers la gauche) + bouton A du joystick + %pente & Hauteur côté gauche sur "Ecran tactile"	Joystick + 3 boutons sur Joystick + 2 boutons sur "Boîte à boutons" + Insertion dans la scène de : (1)%pente, (2)Hauteur côté gauche, (3)Hauteur côté droit
	Abaissement gauche	Joystick (basculement vers la gauche) + bouton B du joystick + %pente & Hauteur côté gauche sur "Ecran tactile"	
	Relevage droit	Joystick (basculement vers la droite) + bouton A du joystick + %pente & Hauteur côté droit sur "Ecran tactile"	
	Abaissement droit	Joystick (basculement vers la droite) + bouton B du joystick + %pente & Hauteur côté droit sur "Ecran tactile"	
	Relevage G + D	Bouton A du joystick + %pente & Hauteur côté droit & Hauteur côté gauche sur "Ecran tactile"	
	Abaissement G + D	Bouton B du joystick + %pente & Hauteur côté droit & Hauteur côté gauche sur "Ecran tactile"	
	Abaissement nez de la machine	2 boutons sur "Control Master" + %pente & Hauteur côté droit & Hauteur côté gauche sur "Ecran tactile"	
	Assiette semi-automatique	Bouton G du joystick + %pente & Hauteur côté droit & Hauteur côté gauche sur "Ecran tactile"	

Pour résumer, notre besoin à minima en termes d'éléments à inclure au simulateur est :

- **Volant + frein**
- **Joystick Multi Drive** (gauche, droit, haut, bas) avec **5 boutons**
- **Boite à boutons** avec 6 boutons
- Insertions dans la scène de **6 variables** (RPM, Mode route/champ, Vitesse, Pente, Hauteurs gauche et droite)
- **Moyen de visualisation** de l'indicateur de renversement (type écran déporté).

IV. COOPERATION HOMME-MACHINE

L'introduction d'assistances dans le véhicule modifie le rapport que l'opérateur va avoir avec ce dernier. Le véhicule peut ainsi être désormais considéré comme un agent autonome, avec lequel il est nécessaire de coopérer.

Le concept de « coopération homme-machine » a été introduit pour la première fois dans le contexte de l'automatique humaine (Millot, Supervision des procédés automatisés et ergonomie, 1988). Ensuite, Hoc s'est appuyé sur les travaux de Piaget (Piaget, 1977) pour proposer une définition de la coopération homme machine (Hoc J. M., Towards a cognitive approach to human-machine cooperation in dynamic situations, 2001) (Hoc J. M., From human-machine interaction to human-machine cooperation, 2000). D'après lui, deux agents entrent en coopération lorsqu'au minimum deux conditions sont réunies : (i) chacun des agents cherche d'atteindre ses propres objectifs et donc il peut entrer en « interférence » avec les objectifs, ressources et procédures de l'autre agent, et (ii) chacun des agents essaie de gérer l'interférence de sorte à « faciliter » les activités individuelles et/ou les tâches en commun si elles existent. Cette interférence peut être positive comme elle peut être négative. En effet, l'interférence est positive quand elle permet une amélioration des performances individuelles ou de l'équipe, sinon elle est de nature négative.

Clairement, la définition de Hoc suppose une certaine symétrie entre les deux agents. Cependant, cela n'est pas toujours satisfaisant en pratique, du fait des capacités coopératives limitées de la machine. Dans le cadre de la coopération homme-machine une relation dissymétrique existe entre les deux agents ; c'est l'agent humain qui est généralement responsable de la coopération.

Dans cette section, nous allons nous limiter aux rappels des niveaux, modes et effets indésirables de coopération homme-machine selon le modèle théorique proposé par Hoc et Blosseville (Hoc & Blosseville, Cooperation between drivers and in-car automatic driving assistance, 2003) et Hoc, Young et Blosseville (Hoc, Young, & Blosseville, Cooperation between drivers and automation: implications for safety, 2009) dans le cadre de la conduite automobile.

1. Niveaux de coopération homme-machine

En conduite automobile, Hoc et ses collègues ont décrits trois niveaux de coopération homme-machine : la coopération dans l'action, la coopération dans la planification et la méta-coopération.

a. Coopération dans l'action

Ce niveau de coopération regroupe les activités qui ont une implication sur le court terme et qui impliquent un niveau local d'interférence. Par exemple, l'assistance peut jouer le rôle d'un agent contrôlant les activités de l'opérateur et délivrant une évaluation sur ces agissements via des avertissements, conseils, etc. Ce niveau de coopération représente le plus bas niveau d'abstraction.

b. Coopération dans la planification

La coopération dans la planification consiste à élaborer et maintenir un référentiel commun entre l'homme et la machine. Ce référentiel permet entre autres de représenter l'état de l'environnement dans un format adapté à chacun des agents. Dans ce cas, un certain niveau d'abstraction est nécessaire pour développer et déterminer l'action de l'équipe homme-machine à moyen terme.

Malheureusement, ce niveau de coopération n'a pas été largement étudié dans le contexte de la conduite automobile, alors qu'il constituerait une voie de recherche prometteuse d'après Vicente (Vicente, 2002).

c. Méta-coopération

La méta-coopération permet aux agents d'améliorer la coopération sur le long terme par la construction d'un modèle de soi-même, de l'autre agent ou de l'interaction entre les deux agents. Un modèle imprécis de l'assistance peut amener l'opérateur à attribuer à cette dernière des fonctions qu'elle n'est pas en mesure de réaliser. Dans ce sens, Broughton et Baugham (Broughton & Baughan, 2002) ont remarqué qu'à cause d'un modèle inadapté de l'ABS, les opérateurs âgés n'ont pas pu profiter des avantages de cette assistance. En effet, ces opérateurs continueraient de freiner de manière intermittente pour éviter que le véhicule ne se mette pas à déraper, alors que cette activité était l'objectif derrière l'adoption de l'ABS. Le niveau de méta-coopération représente le plus haut niveau d'abstraction.

2. Modes de coopération homme-machine

Afin d'améliorer la conception des relations homme-machine et d'éviter les interférences négatives, Hoc, Young et Blosseville (Hoc, Young, & Blosseville, Cooperation between drivers and automation: implications for safety, 2009) ont proposé une catégorisation des assistances d'aide à la conduite en termes de coopération homme-machine. Quatre modes de coopération entre l'opérateur et l'automate ont été définies : le mode perceptif, le mode contrôle mutuel, le mode délégation de fonction et le mode entièrement automatisé.

a. Mode perceptif

Dans ce mode de coopération, l'assistance fournit un complément d'information au conducteur afin d'améliorer sa perception de l'environnement. Par exemple, cela peut consister à rehausser perceptivement des informations présentes dans la scène visuelle (Mars, 2008). Cette information est laissée à la libre interprétation de l'opérateur. Ce mode généralement agit sur la modalité visuelle (voir la partie II).

b. Mode contrôle mutuel

Dans ce cas, l'assistance vérifie et évalue l'activité de l'opérateur. Elle intervient lorsque ce dernier dépasse des limites prédéfinies en termes de risque ; cette intervention consiste soit en une simple critique du comportement de l'opérateur (avertissement, etc.), soit en une action sur son activité. D'après Parasuraman, Sheridan et Wickens (Parasuraman, Sheridan, & Wickens, A model for types and levels of human interaction with automation, 2000), deux catégories d'assistances sont distinguables du mode contrôle mutuel.

i. Sous-mode avertissement

En cas de risque, un avertissement sera déclenché. L'assistance dans ce cas détecte des évènements jugés anormaux et en alerte l'opérateur. Par conséquent, l'opérateur et la machine doivent partager un « référentiel commun » en termes de risques perçus et du moment de déclenchement de l'avertissement, sinon ce dernier pourrait être perçu soit comme fausse alarme, soit comme alarme manquée (Lee, McGehee, Brown, & Reyes, 2002).

ii. Sous-mode coaction

A partir d'un certain seuil, l'assistance résiste à l'opérateur pour limiter son action, dans ce cas on parle d'un sous-mode « limitatif ». Elle peut également introduire une action pour corriger la situation dans un esprit « correctif ».

c. Mode délégation de fonction

Ici, une tâche ou une partie de l'activité, normalement prise en charge par l'opérateur, est confiée à l'automate. Par exemple, l'opérateur peut déléguer la régulation de vitesse à l'automate (régulateur de vitesse), alors que lui s'occupe de la supervision du système homme-machine globalement. Deux sous-modes de délégation de fonction ont été identifiés.

i. Sous-mode médiatisé

C'est le cas où l'assistance agit comme un médiateur entre les actions de l'opérateur et la commande effective de la machine (ABS, ESP, etc.).

ii. Sous-mode régulé

La gestion d'une partie de l'activité est déléguée durablement à l'assistance (régulateur de vitesse et d'inter-distance, etc.). Toutefois, l'opérateur garde le choix de mettre en marche/arrêt l'assistance quand il veut.

d. Mode complètement automatisé

Dans ce cas, l'assistance gère complètement le contrôle du véhicule. Cela consiste en une délégation totale à l'automate de la tâche de l'opérateur. En conduite automobile, ce mode peut être envisagé lorsque l'opérateur est incapable de guider son véhicule ou lorsque les risques sont très élevés. Cependant, quand ce mode est activé, l'opérateur sera « hors de la boucle » (Kaber & Endsley, 1977).

Tableau 2- Modes de coopération homme-machine (Hoc J. M., From human-machine interaction to human-machine cooperation, 2000)

Modes de coopération H-M	Mode perceptif	Mode contrôle mutuel		Mode délégation de fonction	Mode complètement automatisé
		Mode avertissement	Mode coaction		

Récemment, Hoc et Chauvin (Hoc & Chauvin, Cooperative implications of allocation of functions between humans and machines, submitted) ont proposé l'intégration d'un nouveau mode de coopération homme-machine appelé « contrôle partagé ». Il correspond à un mode intermédiaire entre le contrôle mutuel et la délégation de fonction. Deux sous-modes du mode de contrôle partagé ont été mis en évidence, soit l'opérateur et l'assistance agissent simultanément ; c'est le cas du contrôle partagé « continu », soit ils agissent alternativement et donc c'est le cas d'un contrôle partagé « correctif ».

3. Phénomènes indésirables de coopération homme-machine

Dans le contexte de coopération homme-machine, il est souhaitable que l'introduction d'assistances ne soit que bénéfique auprès des opérateurs et améliore ainsi leurs performances. Malheureusement, cela n'est pas toujours vrai et en pratique cette intégration d'assistances engendre parfois des « phénomènes indésirables » ou dysfonctionnements (Parasuraman & Riley, Humans and automation: Use, misuse, disuse, abuse, 1997).

a. Phénomène de perte d'expertise

Ce phénomène apparait lorsque l'opérateur délègue trop son activité à la machine. Mais quand cette dernière atteint ses limites, l'opérateur doit reprendre le contrôle du système homme-machine.

Malheureusement, vu ses performances dégradées à cause du manque d'exercice, l'opérateur ne pourra plus coopérer avec la machine. Evidemment, cela se produit souvent avec le mode de coopération délégation de fonction.

b. Phénomène de contentement

Ce phénomène a été initialement observé dans le domaine de l'aviation (Moray, 2003) (Parasuraman, Molloy, & Singh, Performance consequences of automation-induced "complacency", 1993), mais n'est pas encore clairement défini. Particulièrement, Lee (Lee J. , 2006) indique que le phénomène de contentement est lié à un problème d'attitude de l'opérateur vis-à-vis de la machine. Dans ce cas, l'opérateur expert (et donc conscient des limites de la machine) accepte les solutions proposées par la machine sans les remettre en cause.

c. Phénomène de perte de la conscience de la situation

L'intégration d'assistances peut engendrer une diminution de la conscience de la situation (situation awareness) et donc provoquer une dégradation des performances de l'opérateur. Ce problème a été mis en évidence par Stanton et Young (Stanton & Young, 1998) en considérant l'ACC comme dispositif d'assistance.

Toutes ces défaillances que nous venons de citer peuvent être regroupées sous l'appellation « syndrome de l'humain hors de la boucle ». En effet, ce sont des dysfonctionnements du système homme-machine pour lesquels l'agent humain se retrouve en dehors de la boucle du fonctionnement du système. Cela se produit souvent avec le mode de coopération complètement automatisé. Dans ce cas, un retour en contrôle manuel est difficile. Une revue détaillée sur les facteurs provoquant ce syndrome peut être trouvée dans (Endsley & Kaber, 1999).

Par ailleurs, Lee (Lee J. , 2006) pointe un problème très important concernant la tendance existante d'automatisation. Il s'agit du paradoxe appelé « clumsy automation ». Il faut avouer que les concepteurs des assistances pour les systèmes homme-machine automatisent généralement ce qui est simple à automatiser, c'est-à-dire ce qui est simple pour l'opérateur. Par contre, ce qui est complexe pour lui, ils l'ignorent souvent.

V. IHM ADAPTATIVE

La diversité des opérateurs et celle des situations rencontrées lors d'une interaction homme-machine rendent l'adaptation des IHM (Interface Homme-Machine) au profil de l'opérateur courant et au contexte de l'interaction une nécessité pressante. En effet, si l'objectif est de faciliter l'utilisation de la machine, et donc éviter les risques et accroître la coopération entre les deux agents du système homme-machine, il est indispensable d'augmenter la flexibilité des IHM (i.e., capacité à évoluer au cours de l'interaction).

Pour ce faire, on doit être capable de définir des mécanismes qui permettent d'extraire du contexte les informations nécessaires pour créer et mettre à jour un modèle de l'opérateur courant et de son environnement. La validité des modèles élaborés et donc la qualité de l'adaptation de l'IHM dépendent de la capacité à percevoir et interpréter les informations contextuelles disponibles dans l'environnement.

Dans cette section, nous proposons trois mécanismes d'adaptation : (i) le premier mécanisme consiste à faire évoluer l'IHM selon le niveau de risque de renversement de la machine. Un modèle de l'environnement permet dans ce cas de mesurer l'état de dangerosité dans lequel se trouve la machine ; une valeur comprise entre 0 et 1. (ii) le deuxième mécanisme est basé sur la construction d'un modèle de l'opérateur humain qui permet de calculer son niveau de compétence. Ce dernier est mesuré à partir de l'effort fourni correspondant à l'opérateur courant (voir Section 4 pour plus de détails). (iii) le dernier mécanisme consiste à coupler les deux modèles précédents, modèle de l'utilisateur et celui de l'environnement, pour permettre une adaptabilité maximale qui tient compte aussi bien de l'utilisateur courant que du contexte de l'interaction homme-machine. Finalement, nous présentons quelques maquettes d'IHM pour le cas de la machine Grégoire G7.

4. IHM adaptative selon le niveau de risque de renversement

Au cours de son utilisation, la machine est confrontée à des risques de type différent : renversement, dévalement, etc. Ces risques sont nuisibles aussi bien pour la machine que pour l'opérateur humain qui la conduit. Il faut donc tenir l'opérateur informé de l'état de dangerosité/stabilité de la machine afin qu'il puisse intervenir au bon moment et éviter ainsi de lourdes conséquences.

Pour cela, dans le cadre du projet ActiSurTT, on a développé des métriques qui permettent de mesurer et prédire ces risques en temps réel, notamment pour celui du renversement de la machine G7. Afin de simplifier la présentation, nous prenons l'indicateur TCL (Transfert de Charge Latérale) comme exemple. Cet indicateur est calculé comme la différence entre la somme des efforts normaux à droite et la somme des efforts normaux à gauche de la machine (Bouton, Lenain, Thuilot, & Fauroux, 2007). Pour normaliser ce critère, cette différence est divisée par la somme de tous les efforts normaux, l'amenant à évoluer entre 0 et 1. La valeur zéro représente la configuration la plus stable où aucun risque de renversement ne se présente. Son évolution est progressive et permet de pondérer le risque. La valeur 1 représente le renversement de la machine, mais en réalité ne représente que le décollage des deux roues de gauche ou celles de droite, d'où certaines fausses détections apparaissent.

En nous basant sur la valeur de risque de renversement TCL, d'un côté, et sur le mode de coopération adéquat, de l'autre côté, nous définissons cinq interfaces homme-machine comme le montre la Figure 15 en bas. Etant donné que l'évolution de la valeur TCL est progressive, les cinq IHM s'enchainent l'une après l'autre au fur et à mesure que le risque de renversement devient imminent. L'interface IHM0 représente un état de stabilité pour lequel la valeur TCL est inférieure à 0,2. Dans ce cas, on affiche juste la valeur TCL à l'écran avec un mode purement perceptif. L'IHM1 correspond à un début de risque de renversement avec une valeur de TCL comprise entre 0,2 et 0,4. Cela se traduit par une interface d'avertissement aux risques de renversement (affichage textuel sur écran, klaxon, etc.). A partir de l'IHM2 le risque devient imminent et la machine doit donc intervenir en parti pour aider l'opérateur à restaurer l'état de stabilité de la machine. La dernière IHM correspond à une machine complètement automatisée où l'utilisateur est en dehors de la boucle de fonctionnement du système homme-machine. Ce découpage en cinq IHM distinctes n'est qu'à titre indicatif et n'a pas été validé expérimentalement. Les valeurs choisies ne sont alors que pour illustrer les différentes interfaces possibles.

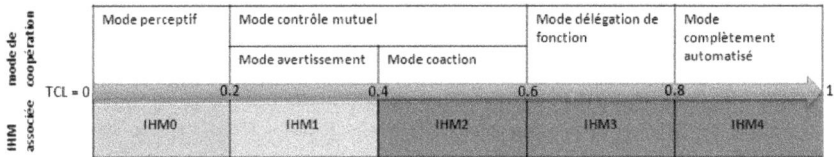

Figure 15- IHM associée selon le niveau de risque de renversement indiqué par le TCL

Dans cette classification d'IHM (Figure 15), nous distinguons deux niveaux d'avertissement, à savoir le niveau Cautionary Crash Warning (couleur orange) et le niveau Imminent Crash Warning (couleur rouge). Cela étant en cohérence avec les recommandations citées par le COMSIS qui stipulent que tout système avertisseur doit comprendre obligatoirement deux niveaux d'avertissement (COMSIS, 1996).

a. Cautionary Crash Warning

Ce niveau d'avertissement exige une attention immédiate de la part de l'opérateur. À cause de sa fréquence, et dans l'objectif de ne pas trop déranger l'opérateur, il est généralement sous forme d'un simple affichage (boite de dialogue avec un simple message textuel, etc.). Les fausses alarmes peuvent se produire fréquemment ; il n'y a aucune limite à ces dernières pour que le système avertisseur soit valide. Le temps à prévoir obligatoirement avant le déclenchement de ce type d'avertissement est défini par :

Timing = temps de réponse opérateur + temps action

Tel que, le temps de réponse de l'opérateur est compris entre 0,6 et 1,4 seconde d'après les travaux de recherche menés par Campbell (Campbell, In-Vehicle Display Icons and Other Information Elements: Volume II: Final Report, 2004) et ses collègues (Campbell, Richard, Brown, & McCallum, 2007). Le temps d'action représente le temps nécessaire pour effectuer l'action qui permet de rétablir la situation de stabilité de la machine. Par exemple, dans notre cas, le cas de risque de renversement de la machine G7, modifier l'inclinaison de l'assiette de la machine, freiner, etc. ce sont des actions qui permettent de restaurer la stabilité.

b. Imminent Crash Warning

Ce niveau d'avertissement peut être exprimé sous forme d'affichage, plus un son (klaxon, etc.). Il exige une action corrective immédiate de la part de l'opérateur et/ou de la machine. Les fausses alarmes correspondantes ne doivent pas dépasser une ou deux par semaine, sinon le système avertisseur est qualifié d'invalide. De même, les vraies alarmes sont rares, elles sont de l'ordre de quinze alarmes par an. Le temps nécessaire à prévoir avant le déclanchement de ce type d'avertissement est défini seulement par le temps d'action :

Timing = temps action

Comme la situation est critique et il ne reste que le temps d'agir (temps d'action), il faut que la machine et/ou l'opérateur interviennent pour rétablir la stabilité. Dans notre cas, cela se traduit par trois sous niveaux d'avertissement qui sont : (i) le mode coaction qui proposent des actions correctives, limitatives, etc. exécutées par la machine, (ii) le mode de délégation de fonction avec lequel les fonctions de régulation de charge latérale et de restauration de stabilité peuvent être déléguées à la machine, et enfin (iii) le mode complètement automatisé où la machine se conduit toute seule via un pilote automatique déclenchable de façon automatique à partir d'un certain seuil de dangerosité.

En conséquence, la restauration de stabilité de la machine nécessite une prise en main rapide de la situation dès l'activation du premier niveau d'avertissement. L'opérateur doit donc mettre en œuvre toutes ses compétences et son savoir faire pour rétablir la stabilité et éviter d'aller jusqu'au renversement ou l'activation du pilote automatique, comme c'est indiqué dans notre cas. Tout dépend du niveau de compétence des opérateurs, certains d'entre eux arrivent à éviter la catastrophe, mais d'autres échouent à le faire. Nous pensons que les opérateurs qui n'auraient pas pu rétablir la stabilité, n'avaient pas été avertis à temps, c'est-à-dire **l'IHM n'était pas « adéquat » avec leur niveau de compétence**.

Afin de permettre l'adaptation de l'interface homme-machine à l'opérateur, plus particulièrement à son niveau de compétence, nous proposons dans la section suivante une nouvelle approche pour calculer ce niveau et définir l'IHM correspondante.

5. IHM adaptative selon le niveau de compétence de l'opérateur

Dans le cadre du projet ActiSurTT, nous nous intéressons au risque de renversement de la machine G7 ; l'objectif étant d'éviter le risque de renversement en adaptant la machine à l'opérateur. Par conséquent, l'activité de l'opérateur qui nous intéresse et sur laquelle on doit juger son niveau de compétence, c'est bien celle qui consiste à rétablir la stabilité de la machine.

Avant de pouvoir calculer le niveau de compétence de l'opérateur pour cette activité, nous devons « modéliser » la machine en fonction de son état de stabilité. La Figure 16 représente l'ensemble des états de la machine en fonction de l'interface activée ou le mode de coopération mis en œuvre. L'état « S0 » représente l'état stable (vert), « S1 » correspond à l'état du début de danger (orange) où l'opérateur peut toujours tout seul éviter le risque, et « S2, S3, S4 » ce sont les états à risque (rouge) où il faut agir immédiatement.

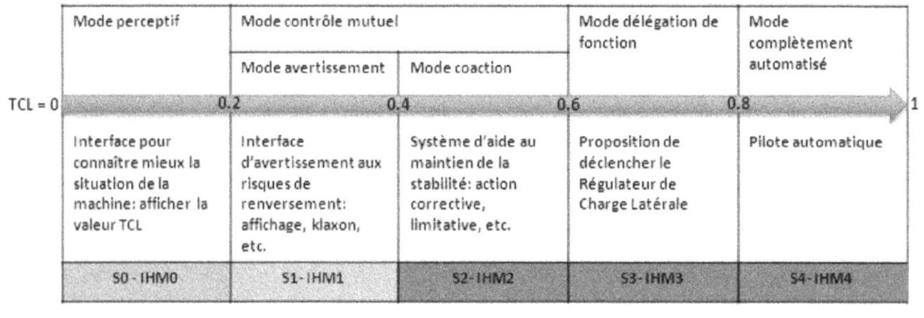

Mode perceptif	Mode contrôle mutuel		Mode délégation de fonction	Mode complètement automatisé
	Mode avertissement	Mode coaction		
Interface pour connaître mieux la situation de la machine: afficher la valeur TCL	Interface d'avertissement aux risques de renversement: affichage, klaxon, etc.	Système d'aide au maintien de la stabilité: action corrective, limitative, etc.	Proposition de déclencher le Régulateur de Charge Latérale	Pilote automatique
S0 - IHM0	S1 - IHM1	S2 - IHM2	S3 - IHM3	S4 - IHM4

TCL = 0   0.2   0.4   0.6   0.8   1

Figure 16- état de la machine en fonction de l'IHM activée

Etant donné que l'opérateur est généralement le seul responsable à rétablir la stabilité de la machine après l'apparition d'un risque de renversement (état S1), nous nous intéressons aussi aux transitions entre les différents états de la machine (Figure 17). Tout état est réversible, sauf l'état S4 où l'opérateur perd tout contrôle et la machine est dirigée par un pilote automatique qui rétablisse la stabilité en passant directement à l'état initial S0. En effet, l'opérateur est la cause principale de toute transition sauf celle reliant les états S4 et S0.

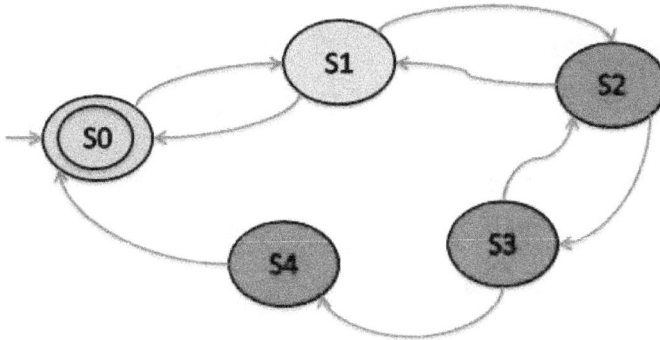

Figure 17- Modèle état-transition de la machine

Comme c'est indiqué dans la section 4, le niveau de compétence de l'opérateur vis-à-vis à une activité particulière dépend directement de l'effort fourni au cours de la réalisation de cette dernière. **Par conséquent, le niveau de compétence de l'opérateur pour rétablir la stabilité de la machine n'est que l'inverse de l'effort fourni au cours des états S2 et S3 afin de réaliser son objectif.** L'effort fourni à l'état S1 n'a pas été considéré, car dans cet état le danger n'est pas imminent et l'effort opérateur peut être investi dans d'autres activités qui n'ont aucun lien avec le rétablissement de la stabilité. De même, à l'état S4 l'opérateur n'a aucune influence sur la machine.

Pour rétablir l'état de stabilité de la machine, l'opérateur met un certain temps, ce temps étant représentatif de l'effort fourni. Nous pouvons donc exprimer l'effort fourni par l'opérateur en termes du temps mis en œuvre afin de restaurer la stabilité. Plus formellement :

Définition 3 (effort fourni pour rétablir la stabilité de la machine). Soient p un opérateur, o_1 la tâche de rétablissement de la stabilité de la machine et o l'objectif final ou le contexte de o_1 qui est l'activité de récolte. L'effort fourni par l'opérateur p pour réaliser o_1 dans le contexte de l'objectif o est défini comme : *effort (p, o, o$_1$) = temps (S2, S3)*, tel que *temps (S2, S3)* est le temps fourni par p lors de la réalisation de la tâche o_1 dans le contexte o.

La définition précédente stipule que l'effort fourni pour réaliser une tâche (un sous-objectif) est égal au temps mis en œuvre afin de réaliser celle-ci. Dans notre cas, le sous-objectif que l'opérateur veut atteindre et l'objectif final recherché sont respectivement le rétablissement de la stabilité et l'activité de récolte. Donc, l'effort fourni correspond au temps passé par la machine aux états S2 et S3 avant de revenir à l'état S1.

Le (sous) niveau de compétence de l'opérateur (ou sa capacité) pour réaliser une tâche est égale à l'inverse de l'effort fourni (voir la définition 1 de la section 4). Par conséquent, d'après la définition 3, ce niveau de compétence n'est que l'inverse du temps mis en œuvre pour rétablir la stabilité de la machine. Formellement :

Définition 4 (niveau de compétence vis-à-vis le rétablissement de la stabilité de la machine). Soient p un opérateur et t_1 = *temps (S2, S3)* le temps mis en œuvre par p lors de la réalisation du sous-objectif o_1 dans le contexte de l'objectif o. Le (sous) niveau de compétence de l'opérateur p vis-à-vis du sous-objectif o_1 est :

(i) niveau (p, o, o$_1$) = Débutant <u>si</u> $1/t_1 < S$ <u>sinon</u> (ii) *niveau (p, o, o$_1$) = Expert*, tel que S est un seuil défini en fonction du contexte (objectif) et le domaine d'application considéré.

La définition 4 met à jour la définition 2 de la section 4 et nous ne parlerons donc plus de *capacité*, étant donné que nous nous limitons à l'étude de la tâche du rétablissement de la stabilité de la machine. Le niveau de compétence « global », tel qu'il est présenté par la définition 2, ne nous intéresse plus, car nous n'envisageons pas d'étudier tous les sous-objectifs de l'activité de récolte. Autrement dit, le niveau de compétence de l'opérateur représente désormais, uniquement sa capacité à rétablir l'état de stabilité.

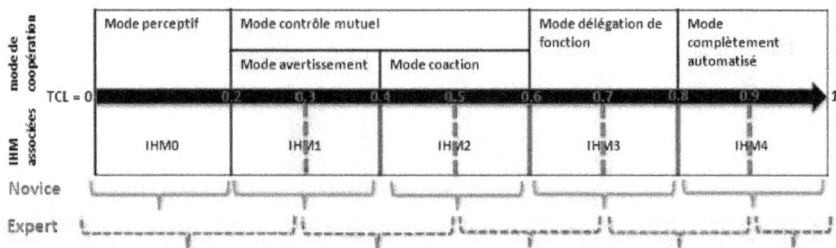

Figure 18- IHM adaptative selon le niveau de compétence de l'opérateur

Evidemment, le niveau de compétence de l'opérateur ne se définit pas uniquement à partir d'une seule situation de renversement. Il peut être mesuré en prévoyant une période d'apprentissage d'une certaine durée (1 heure, 2 heures, 1 jour, 1 saison, etc.), pendant laquelle on considère tous les risques de renversement rencontrés et en calculant la moyenne de l'effort fourni et donc un niveau moyen de compétence. Une fois que le niveau de compétence soit mesuré, l'interface homme-machine s'adapte automatiquement à ce dernier (Figure 18). En effet, les seuils ou paramètres correspondants aux différentes IHM (IHM0, …, IHM4) sont mis à jour en fonction du niveau de compétence détecté. Nous supposons que les experts prennent plus de risque que les novices lors de l'activité de conduite avec un déclanchement tardif des différents modes d'avertissement, plus particulièrement l'état de stabilité qui devient plus long (intervalle [0-0,3]) et celui complètement automatisé qui devient plus court (intervalle [0,9-1]). Par ailleurs, la machine doit assister les novices au plutôt, dès l'apparition du moindre risque, d'où le déclanchement précoce des différents modes d'avertissement du risque de renversement par rapport aux experts. Cela leur donnerait plus de temps pour tenir en main la situation et rétablir rapidement la stabilité de la machine.

Pour permettre une adaptabilité optimale de l'interface homme-machine, la section suivante expose une approche générale qui permet de prendre en compte les deux modèles : (i) le modèle de la machine, représenté par le niveau de risque dans lequel se trouve cette dernière, ainsi que (ii) le modèle de l'opérateur, exprimé par son niveau de compétence à rétablir la stabilité de la machine, lors de l'adaptation de l'IHM.

6. IHM adaptative selon les deux niveaux de risque et de compétence

Pratiquement, le niveau de compétence de l'opérateur représente un indicateur de stabilité de la machine. Il permet de mieux évaluer le risque de renversement encouru en donnant des informations utiles sur le savoir faire ainsi que la façon d'agir des opérateurs. Un véhicule qui roule avec une certaine vitesse n'est pas dans le même état de stabilité s'il est conduit par un novice ou bien par un expert. Il est plus probable que le véhicule se fait renverser avec un opérateur novice (un simple coup de voulant) qu'avec un expert. A titre d'exemple, la valeur de risque de renversement TCL = 0,25 représente un « début de danger » pour un novice, tandis que pour un expert cette même valeur signifie « tout va bien » et la machine n'encourt aucun danger (Figure 18). En conséquence, pour bien évaluer la stabilité de la machine et permettre un redressement rapide de la situation, il faut tenir compte des deux indicateurs de stabilité : (i) la valeur du TCL informant sur la configuration de la machine et le risque qui en découle, et (ii) le niveau du conducteur de la machine complémentaire au TCL couvrant une autre source de risque qui est l'opérateur.

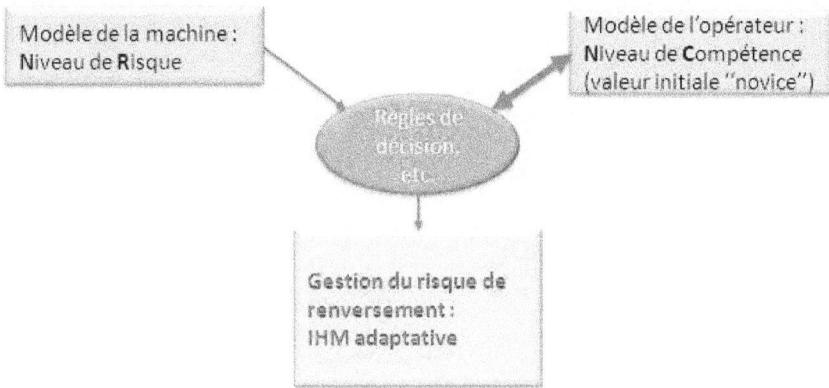

Figure 19- IHM doublement adaptative en fonction du niveau de compétence plus le niveau de risque

Afin de gérer le risque de renversement de la machine, nous adoptons le choix qui consiste d'adapter cette dernière à l'opérateur. Dans notre cas, cela se traduit par une IHM automatiquement adaptative. La Figure 19 présente, à notre connaissance, une nouvelle approche qui permet cette adaptation en tenant en compte deux modèles simultanément, un modèle de la machine conduite et un autre de l'opérateur courant.

En début de la saison de récolte, le niveau des opérateurs est initialisé à « novice » (ou débutant). Le niveau de risque de la machine de récolte, quant à lui, est calculé à chaque instant. Ce calcul permet au cours du premier chantier (la première demi journée du travail), d'évaluer le niveau réel de l'opérateur suivant la définition 4, c'est-à-dire à la fin de cette période d'apprentissage la machine connaitra le niveau de l'opérateur vis-à-vis la gestion du risque de renversement. La durée d'apprentissage n'est donnée qu'à titre indicatif, elle peut être 1 heure, 2 heures,... tout dépend de l'activité et la durée de la saison de récolte. Après que le niveau de compétence soit mesuré, la machine adapte son interface en fonction de cette nouvelle mesure et celle du risque de renversement (TCL) instantanément en appliquant certaines règles de décision qui peuvent être déduites facilement à partir de la Figure 18. Par exemple, des règles simples comme, ***Règle 1*** : « si le *TCL* < *0,20* & le niveau de compétence est évalué à *novice*, alors l'interface *IHM0* est activée », ***Règle 2*** : « si le *TCL* < *0,30* & le niveau de compétence est évalué à *expert*, alors l'interface *IHM0* est activée », etc. peuvent être développées. Cela est aussi traduisible par un algorithme (Algorithme 1).

Etant donné que le niveau de compétence évolue au fur et à mesure que l'opérateur utilise la machine, une mise à jour de ce dernier est programmée à la fin de chaque chantier. Enfin, certaines données peuvent s'avérer importantes (comme le niveau de compétence des opérateurs) et donc leur sauvegarde est envisageable pour la prochaine saison au cas où le propriétaire ne change pas de machine ni d'employés.

Algorithme 1. Règles de décision pour sélectionner l'IHM appropriée

---

1:   **Lecture des deux indicateurs : niveau de risque (TCL) et niveau de compétence (NC)**
2:   **si** $NC = novice$ **alors**
3:     **si** $TCL < 0,2$ **alors**
4:       IHM ← IHM0
5:     **sinon**
6:       **si** $TCL < 0,4$ **alors**
7:         IHM ← IHM1
8:       **sinon**
9:         **si** $TCL < 0,6$ **alors**
10:           IHM ← IHM2
11:         **sinon**
12:           **si** $TCL < 0,8$ **alors**
13:             IHM ← IHM3
14:           **sinon** IHM ← IHM4
15:           **fin si**
16:         **fin si**
17:       **fin si**
18:     **fin si**
19:   **sinon**
20:     **si** $NC = expert$ **alors**
21:       **si** $TCL < 0,2$ **alors**
22:         IHM ← IHM0
23:       **sinon**
24:         **si** $TCL < 0,4$ **alors**
25:           IHM ← IHM1
26:         **sinon**
27:           **si** $TCL < 0,6$ **alors**
28:             IHM ← IHM2
29:           **sinon**
30:             **si** $TCL < 0,8$ **alors**
31:               IHM ← IHM3
32:             **sinon** IHM ← IHM4
33:             **fin si**
34:           **fin si**
35:         **fin si**
36:       **fin si**
37:     **fin si**
38:   **fin si**
39: **fin.**

La section suivante présente quelques exemples d'interface homme-machine proposées dans le cadre du projet ActiSurTT pour la machine à vendanger Grégoire G7. L'IHM originale avant modification est présentée dans la partie III de ce rapport ; c'est l'IHM implantée sur le View Master de la machine G7.

A partir des deux informations concernant le niveau de risque de renversement de la machine et le niveau de compétence de l'opérateur, la machine peut mettre à jour son interface afin de faciliter la gestion du risque de renversement à l'opérateur. Nous avons vu dans la section précédente comment ce choix s'effectue via des règles de décision (Algorithme 1), mais reste à voir comment ces interfaces sont concrètement conçues.

Pour ce faire, nous proposons trois interfaces représentant un système avertisseur contre les risques de renversement, en fonction du nombre d'axes pris en compte lors de la détection du renversement. La première proposition ne tient compte d'aucun axe de renversement (Figure 20). Quand l'opérateur est averti du risque, on ne lui précise pas l'axe de renversement, uniquement le degré de gravité de la situation. La deuxième prend en compte les deux axes gauche et droit (Figure 21), l'information transmise à l'opérateur précisera si l'un ou l'autre est concerné par le risque. Enfin, les quatre axes gauche, droit, avant et arrière sont gérés dans la troisième proposition (Figure 22). Cette dernière étant la plus complète en termes d'information, elle recouvre tous les axes vulnérables aux renversements.

Quelques choix ergonomiques ont été effectués afin que l'IHM soit le plus conviviale possible. Etant donné que notre contribution vise à étendre l'IHM existant de la machine G7 (Figure 8) et non pas la remettre en cause, nous devons rester cohérents par rapport à cette dernière (style de présentation, couleur, icône, etc.).

Figure 20- avertissement à un seul axe

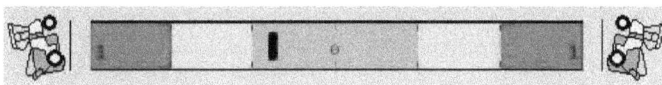

Figure 21- avertissement à deux axes

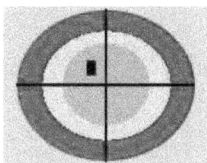

Figure 22- avertissement à quatre axes

a. Icônes et couleurs

Les couleurs ont été utilisées de façon compatible avec l'interface originale de la machine G7 (Figure 8). En effet, la couleur verte représente l'état de stabilité, la couleur orange indique un début de danger, c'est-à-dire un niveau d'avertissement de type Cautionary Crash Warning, et enfin la couleur rouge représente un danger imminent correspondant à un niveau d'avertissement de type Imminent Crash Warning. De même, sur l'interface originale, nous remarquons des icônes associées à la plupart des indicateurs ce qui facilite grandement la reconnaissance de l'indicateur parmi tout le reste. Pour notre système avertisseur, nous avons suivi la même logique en rajoutant une icône de la machine G7 renversée à côté de chaque axe de renversement (Figure 20 et Figure 21), sauf pour la dernière proposition (Figure 22) où nous avons jugé inapproprié cette association.

b. Alarmes : son et affichage

Le système avertisseur déclenche une alarme dès que la valeur TCL est située dans la zone orange. Des boites de dialogue prédéfinies sont disponibles au sein de l'interface originale de la machine G7 (partie III), elles permettent de personnaliser les paramètres d'affichage ainsi que les sons accompagnants. Le message d'avertissement affiché sur l'écran View Master met l'opérateur en garde contre un risque de renversement et lui indique éventuellement quelques actions qui permettent le rétablissement de la stabilité de la machine. De plus, trois types de son sont à configurer par l'opérateur. Un message d'avertissement peut être accompagné d'un son de type « buzzer » et/ou « klaxon ». L'IHM originale de la G7 est reconfigurable, il permet à l'opérateur de désactiver l'affichage et/ou le son des alarmes. Les problèmes pour lesquels cet IHM était conçue reconfigurable sont des problèmes banals dont les risques n'étaient pas grands (tête de récolte en marche mais convoyeurs arrêtés, etc.). Cependant, dans notre cas, nous jugeons que cela peut être dangereux pour la vie des opérateurs, surtout qu'on traite un risque dont les conséquences sont souvent très graves, qui est le risque de renversement, et nous considérons des opérateurs de différents niveaux de compétence.

Quant à la zone rouge, les valeurs de TCL y appartenant déclenchent un avertissement nécessitant une action immédiate de la part de l'opérateur et/ou la machine. L'alarme auditive continue d'être activée via le type de son déjà configuré par l'opérateur avec des fréquence et tonalité qui s'intensifient progressivement, au fur et à mesure que la situation s'aggrave. Cependant, l'affichage textuel de l'alarme disparaît pour ne pas distraire davantage l'opérateur.

Les figures suivantes (Figure 23, Figure 24, Figure 25) montrent l'écran principal de la machine G7 après l'intégration de l'indicateur de risque de renversement. Côté ergonomique, il apparait clairement compatible avec l'ensemble des indicateurs déjà présents sur l'interface originale.

L'idée de base derrière cette modélisation est de privilégier une information basique sur l'existence d'un danger de renversement de la machine, sans trop se préoccuper de l'axe concerné par ce risque. Le même principe est utilisé pour représenter l'indicateur de température d'huile au moteur (Figure 23). Avec ce choix, l'utilisateur peut savoir si la machine encourt un risque et dans quel stade (vert, orange, rouge) de gravité ce risque se situe. L'identification de l'axe vulnérable au renversement doit être effectuée par l'opérateur avec ses propres modalités sensorielles.

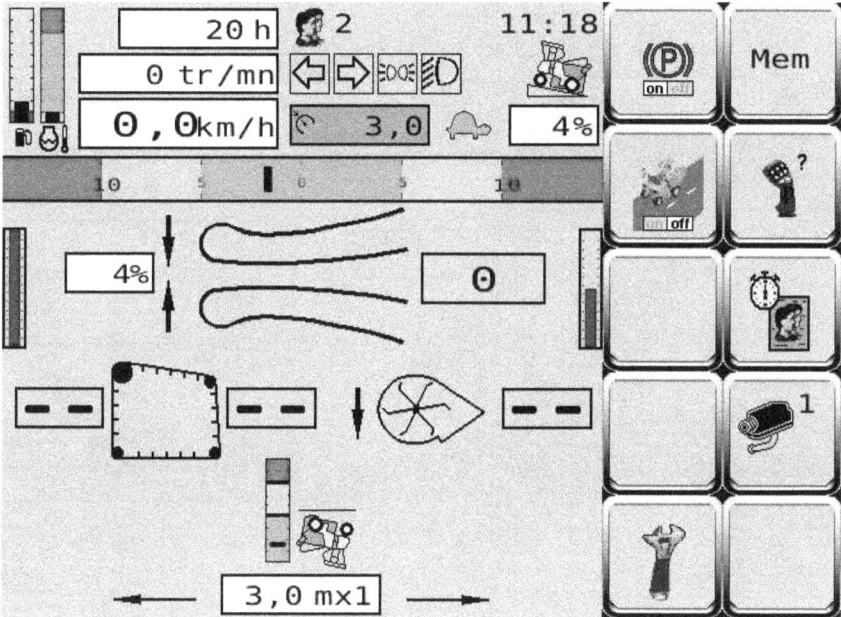

Figure 23- écran principal G7: renversement à un seul axe

d. Ecran principal G7 : renversement à deux axes

A l'aide de cette interface (Figure 24), l'opérateur aura davantage de précisions sur le risque de renversement que la machine encourt. Il peut savoir s'il existe un risque ou pas, le degré du risque et si ça concerne l'axe gauche ou droit. Les deux axes avant et arrière ne sont pas pris en compte dans ce cas, vu que la version actuelle du TCL ne permet pas de mesurer le risque de renversement par rapport à ces deux axes ; cette version d'IHM est compatible avec la version TCL actuellement disponibles.

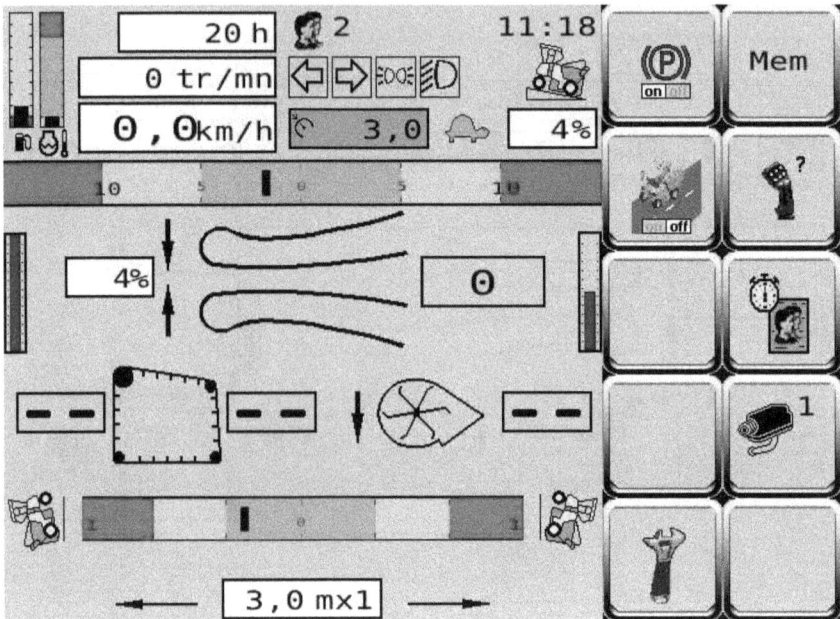

Figure 24- écran principal G7: renversement à deux axes

La Figure 25 présente une interface qui permet de prendre en compte les quatre axes de renversement. Une version qui sera implémentable dès qu'on aura une nouvelle version du TCL qui permet de vérifier la vulnérabilité au renversement de tous les axes. On peut aussi imaginer que la valeur transmise à l'opérateur représente plutôt les coordonnées du centre de gravité de la machine en ayant préalablement défini celles qui appartiennent à telle ou telle zone de gravité (vert, orange, rouge).

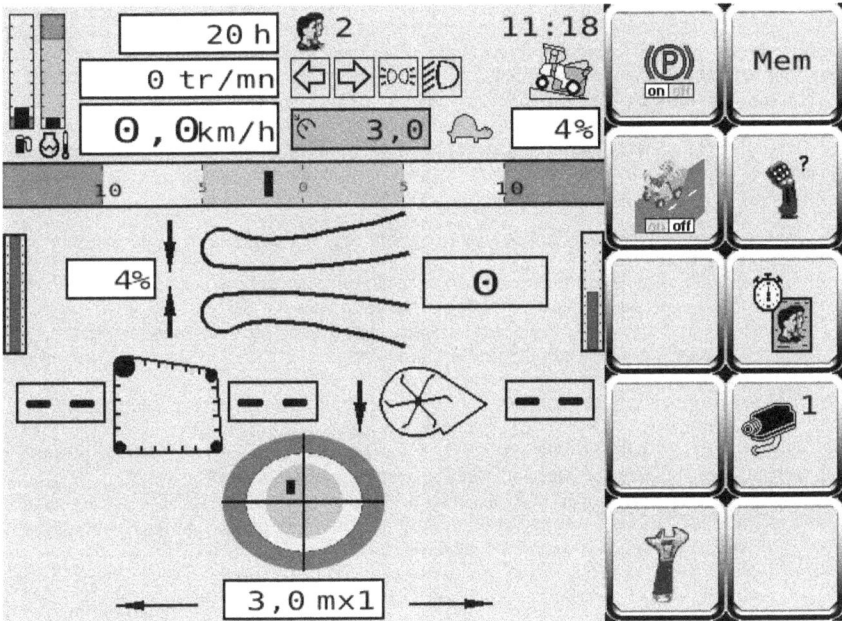

Figure 25- écran principal G7: renversement à quatre axes

VI. CONCLUSION ET PERSPECTIVES

Dans l'objectif de permettre une meilleure utilisation de la machine G7, de façon générale, et de mieux gérer les risques de renversement, de façon particulière, nous avons proposé d'adapter cette machine aux différents types d'opérateurs. En effet, une interface homme-machine automatiquement adaptative en fonction du niveau de compétence de l'opérateur ainsi que le niveau de risque de renversement, a été développée.

Deux facteurs d'adaptation ont été pris en compte : (i) le premier facteur est le niveau de risque de renversement de la machine. Un modèle de l'environnement permet dans ce cas de mesurer l'état de dangerosité dans lequel se trouve la machine ; l'indicateur TCL permet de procurer une valeur comprise entre 0 et 1 afin d'évaluer cet état. (ii) le deuxième facteur est le niveau de compétence de l'opérateur, son calcul est basé sur la construction d'un modèle de l'opérateur humain qui permet de mesurer son niveau de compétence à partir de l'effort fourni. L'IHM développée consiste à coupler les deux modèles précédents, modèle de l'utilisateur et celui de l'environnement, pour permettre une adaptabilité maximale qui tient compte aussi bien de l'utilisateur courant que du contexte de l'interaction.

Enfin, pour valider les résultats présentés dans ce rapport, nous envisageons comme perspectives :

- Prouver la validité de l'indicateur du niveau de compétence basé uniquement sur la notion d'effort fourni dans le domaine de la récolte des vignes (la machine G7), après qu'il a été validé pour la machine Moreau de la récolte de betteraves (Doukari & Tricot, 2013).
- Les valeurs TCL définissant les seuils pour passer d'une IHM à une autre ont été données à titre indicatif ; il faut donc mesurer les bonnes valeurs correspondant au cas réel. De nombreuses expérimentations sur simulateur sont donc nécessaires pour identifier ces seuils. Pareil pour caractériser les opérateurs novices et experts.
- Concernant l'indicateur de risque de renversement TCL, ce serait très important de préciser ses capacités d'anticipation ainsi que son niveau de fiabilité.
- Définir le format, le type et le contenu de l'information textuelle qu'on doit transmettre à l'opérateur via la boite de dialogue lors d'un avertissement orange. Des actions peuvent être proposées à l'opérateur comme : (i) la vitesse max admissible, (ii) angle d'inclinaison max de la machine, (iii) angle au volant max admissible, etc. mais laquelle d'entre elles est la plus pertinente dans un contexte de redressement de machine.

BIBLIOGRAPHIE

Authié, C. (2011). Contrôle visuel du déplacement en trajectoire courbe : approche sensorimotrice du rôle structurant du flux optique. Marseille, France: Université de la Méditerranée, Aix-Marseille.

Bouton, N., Lenain, R., Thuilot, B., & Fauroux, J. (2007). A rollover indicator based on the prediction of the load transfer in presence of sliding: application to an All Terrain Vehicle. *ICRA*, (pp. 1158-1163).

Broughton, J., & Baughan, C. (2002). The effectiveness of antilock braking systems in reducing accidents in Great Britain. *Accident Analysis and Prevention* , 34, 347-355.

Cairda, J. K., Willness, C. R., Steel, P., & Scialfa, C. (2008). A meta-analysis of the effects of cell phones on driver performance. *Accident Analysis & Prevention* , 40(4), 1282-1293.

Campbell, J. L. (2004). *In-Vehicle Display Icons and Other Information Elements: Volume II: Final Report.* Seattle, WA: Battelle Human Factors Transportation Center.

Campbell, J. L., Richard, C. M., Brown, J. L., & McCallum, M. (2007). *Crash Warning System Interfaces: Human Factors Insights and Lessons Learned.* Seattle: Battelle Center for Human Performance and Safety.

Chan, A., & Chan, K. (2006). Synchoronous and asynchronous presentation of auditory and visual signal: Implication for control console design. *Applied ergonomics* , 37, 131-140.

Colavita, B. A. (1974). Human sensory dominance. *Perception and Psychophysics* , 16, 409–412.

COMSIS, C. (1996). *Preliminary human factors guidelines for crash avoidance warning devices (NHTSA Project No. DTNH22-91-07004).* Silver Spring, MD: COMSIS.

Deatherage, B. H. (1972). Auditory and other sensory forms of information processing. Dans H. P. Kincade, *Human engineering guide to equipment design* (pp. 123-160). Washington, DC: American Institutes for Research.

Dingus, T. A., Hulse, M. C., McGehee, D. V., & Manakkal, R. (1994). Driver performance results from the Travtek IVHS camera car evaluation study. *Annual Meeting of the Human Factors & Ergonomics Society* , pp. 1118-1122. Santa Monica, CA: Human Factors Society.

Donges, E. (1978). A two-level model of driver steering behaviour. *Human Factors* , 20, 691-707.

Doukari, O., & Tricot, N. (2013). Nouveaux indicateurs pour le niveau de compétence des opérateurs: cas de la machine Moreau. *en cours de rédaction* .

Enache, N. (2008). *Assistance préventive à la sortie de voie.* Thèse de doctorat. Université d'Evry-Val-d'Essone.

Endsley, M., & Kaber, D. (1999). Level of automation effects on performance, situation awareness and workload in a dynamic control task. *Ergonomics* , 42, 462-492.

Essma, S. (2000, June 19-21). Steering Effort Analysis of an Oval Racing Track Setup Champ Car. *the 2000 International ADAMS User Conference* , pp. Orlando, Florida.

Grégoire, S. (2010). *G7.240 GREGOIRE: Manuel d'entretien et d'utilisation.* Congnac, France.

Ho, C., Reed, N., & Spence, C. (2006). Assessing the effectiveness of "intuitive" vibrotactile warning signals in preventing front-to-rear-end collisions in a driving simulator. *Accident Analysis & Prevention* , 38, 989-997.

Hoc, J. M. (2000). From human-machine interaction to human-machine cooperation. *Ergonomics* , 43, 833-843.

Hoc, J. M. (2001). Towards a cognitive approach to human-machine cooperation in dynamic situations. *International Journal of Human -Computer Studies* , 54, 509-540.

Hoc, J. M., & Amalberti, R. (2007). Cognitive control dynamics for reaching a satisficing performance in complex dynamic situations. *Journal of Cognitive Engineering and Decision Making* , (1), 22-55.

Hoc, J. M., & Blosseville, J. M. (2003). Cooperation between drivers and in-car automatic driving assistance. *Proceedings of CSAPC'03* (pp. 17-22). Roquencourt, France: EACE: G.C. van der Veer & J.F. Hoorn (Eds.).

Hoc, J., & Chauvin, C. (submitted). Cooperative implications of allocation of functions between humans and machines. *Human Factors* .

Hoc, J., Young, M., & Blosseville, J. (2009). Cooperation between drivers and automation: implications for safety. *Theoretical Issues in Ergonomics Science* , 10, 135-160.

ISO/TR, 1. (2005). *Road vehicles — Ergonomic aspects of in-vehicle presentation for transport information and control systems — Warning systems.* Switzerland: ISO copyright office.

Kaber, D. B., & Endsley, M. R. (1977). Out-of-the-loop performance problems and the use of intermediate levels of automation for improved control system functioning and safety. *Process Safety Progress* , 16(3), 126-131.

Land, M. F. (1995). Which parts of the road guide steering? *Nature* , 377, 339-340.

Land, M. F., & Lee, D. N. (1994). Where we look when we steer. *Nature* , 369, 742–744.

Lee, J. D., McGehee, D. V., Brown, T. L., & Reyes, M. L. (2002). Collision warning timing, driver distraction, and driver response to imminent rear-end collisions in a highfidelity driving simulator. *Human Factors* , 44, 314-334.

Lee, J. (2006). Human Factors and Ergonomics in Automation Design. Dans G. Salvendy, *Handbook of Human Factors and Ergonomics (3rd Ed.)* (pp. 1570-1590). New York NY: John Wiley & Sons, Inc.: G. Salvendy (Ed.).

Levieux, G. (2011). *Thèse de Doctorat : Mesure de la difficulté dans les jeux vidéo.* Paris, France: CNAM - Conservatoire National des Arts et Métiers.

Liu, Y. C. (2001). Comparative study of the effects of auditory, visual, and multimodality displays on drivers' performance in advanced traveler information systems. *Ergonomics* , 44(4), 425-442.

Mars, F. (2008). Steering and gaze control modifications from directed or spontaneous use of a visual augmentation cue. *Human Factors and Ergonomics Society Annual Meeting Proceedings* (pp. 1541-1545). Santa Monica: CA: Human Factors and Ergonomics Society.

Mestre, D. (2004). Activité sensori-motrices : apports de la réalité virtuelle à la psychologie ergonomique. *In J. M. Hoc & F. Darses (Eds.), Psychologie ergonomique : tendances actuelles. Paris : Presses Universitaires de France* , 201-220.

Mestre, D., Mars, F., Durand, S., Vienne, F., & Espié, S. (2005). Gaze behavior during simulated driving: elements for a visual driving aid. *Proceedings of the 3rd International Driving Symposium on Human Factors in Driver Assessment, Training and Vehicle Design (Driving Assessment 2005),* (pp. 304-310). Iowa City: University of Iowa Public Policy Center.

Michon, J. A. (1985). A critical view of driver behavior models. What do we know, what should we do? Dans L. E. Schwing, *Human behavior and traffic safety* (pp. 485-525). New York: Plenum press.

Millot, P. (1988). *Supervision des procédés automatisés et ergonomie.* Paris: Hermès.

Millot, P., & Lemoine, M. (1998). An attempt for generic concepts toward human-machine cooperation. *IEEE SMC, San Diego, CA, October* .

Moray, N. (2003). Monitoring, complacency, scepticism and eutactic behaviour. *Industrial Ergonomics* , 31, 175-178.

Navarro, J. (2008). Coopération homme-machine en conduite automobile assistée : Contrôle cognitif et contrôle de la trajectoire. Nantes, France: Université de Nantes.

Parasuraman, R., & Riley, V. (1997). Humans and automation: Use, misuse, disuse, abuse. *Human Factors* , 39, 230-253.

Parasuraman, R., Molloy, R., & Singh, I. L. (1993). Performance consequences of automation-induced "complacency". *The International Journal of Aviation Psychology* , 3, 1-23.

Parasuraman, R., Sheridan, T. B., & Wickens, C. D. (2000). A model for types and levels of human interaction with automation. *IEEE Transactions on Systems, Man, and Cybernetics Part A: Systems and Humans* , 30(3), 286–297.

Piaget, J. (1977). *Études sociologiques (3e éd).* Genève: Droz.

Rasmussen, J. (1986). *Information Processing and Human-Machine Interaction: An Approach to Cognitive Engineering.* New York, NY, USA: Elsevier Science Inc.

Rasmussen, J. (1983). Skills, rules and knowledge: Signals, signs and symbols, and other distinctions in human performance models. *IEEE Transactions on Systems, Man, and Cybernetics (SMC-13)* , 257-266.

Reymond, G., Kemeny, A., J., D., & Berthoz, A. (2001). Role of lateral acceleration in curve driving: Driver model and experiments on real vehicle and driving simulator. *Human Factors* , 43, 483-495.

Selcon, S., Taylor, R., & McKenna, F. (1995). Integrating multiple information sources: using redundancy in the design of warnings. *Ergonomics* , 38, 2362–2370.

Sivak, M. (1996). The information that drivers use: Is it indeed 90% visual? . *Perception* , 25, 1081-1089.

Srinivasan, R., Yang, C., Jovanis, P., Kitamura, R., & Anwar, M. (1994). Simulation study of driving performance with selected route guidance systems. *Transportation Research* , 2C(2), 73-90.

Stanton, N. A., Young, M. S., Walker, G. H., Turner, A., & Randle, S. (2001). Automating the driver's control tasks. *International Journal of Cognitive Ergonomics* , 5, 221-236.

Stanton, N., & Young, M. (1998). Vehicle Automation and Driving Performance. *Ergonomics* , 41, 1014–1028.

Summala, H., Nieminen, T., & Punto, M. (1996). Maintaining lane position with peripheral vision during in-vehicle tasks. *Human Factors* , 38(3), 442-451.

Toffin, D. R. (2003, October 8-10). Influence of steering wheel torque feedback in a dynamic driving simulator. *DSC North America Proceedings* , pp. Dearborn, Michigan.

Van Erp, J., & Van Veen, H. (2004). Vibrotactile in-vehicle navigation system. *Transportation Research – Part F* , 7, 247-256.

Vicente, K. (2002). Ecological Interface Design: Progress and challenges. *Human Factors* , 44, 62-78.

Wickens, C., & Seppelt, B. (2002). Interference with driving or in-vehicle task information: The effects of auditory versus visual delivery. *(Tech. Rep. AHFD-02-18/GM-02-03). Savoy, IL: University of Illinois at Urbana-Champaign, Aviation Human Factors Division* .

Wilson, M., Stephenson, S., Chattington, M., & Marple-Horvat, D. E. (2007). Eye movements coordinated with steering benefit performance even when vision is denied. *Experimental Brain Research* , 176, 397-412.

www.ingramcontent.com/pod-product-compliance
Lightning Source LLC
Chambersburg PA
CBHW020318220326
41598CB00017BA/1599